权威·前沿·原创

皮书系列为
"十二五""十三五"国家重点图书出版规划项目

北京市哲学社会科学研究基地智库报告系列丛书

城市管理蓝皮书
BLUE BOOK OF URBAN MANAGEMENT

中国城市管理报告（2018）

ANNUAL REPORT ON URBAN MANAGEMENT OF CHINA (2018)

中国 36 个重点城市管理水平评价

主　编／刘承水
执行主编／王　强　冀文彦

社会科学文献出版社
SOCIAL SCIENCES ACADEMIC PRESS (CHINA)

图书在版编目(CIP)数据

中国城市管理报告.2018：中国36个重点城市管理水平评价/刘承水主编.--北京：社会科学文献出版社，2018.7
　（城市管理蓝皮书）
　ISBN 978-7-5201-2780-6

Ⅰ.①中… Ⅱ.①刘… Ⅲ.①城市管理-研究报告-中国-2018 Ⅳ.①F299.23

中国版本图书馆CIP数据核字（2018）第103604号

城市管理蓝皮书
中国城市管理报告（2018）
——中国36个重点城市管理水平评价

主　　编／刘承水
执行主编／王　强　冀文彦
执行副主编／周秀玲　胡雅芬　胡勇慧

出 版 人／谢寿光
项目统筹／周映希
责任编辑／周雪林

出　　版	社会科学文献出版社・区域发展出版中心（010）59367143 地址：北京市北三环中路甲29号院华龙大厦　邮编：100029 网址：www.ssap.com.cn
发　　行	市场营销中心（010）59367081　59367018
印　　装	三河市龙林印务有限公司
规　　格	开本：787mm×1092mm　1/16 印张：12　字数：200千字
版　　次	2018年7月第1版　2018年7月第1次印刷
书　　号	ISBN 978-7-5201-2780-6
定　　价	79.00元

皮书序列号／PSN B-2013-336-1/1

本书如有印装质量问题，请与读者服务中心（010-59367028）联系

▲ 版权所有 翻印必究

为贯彻落实中共中央和北京市委关于繁荣发展哲学社会科学的系列指示精神，北京市社科规划办和北京市教委自2004年以来，依托首都高校、科研机构优势学科领域，建设了一批北京市哲学社会科学研究基地。研究基地在优化整合社科资源、体制创新、资政育人、服务首都改革发展等方面发挥了生力军作用，为首都新型高端智库建设作出了积极探索与贡献。

围绕新时期首都改革发展的重点热点问题，市社科规划办与社科文献出版社联合推出"北京市哲学社会科学研究基地智库报告系列丛书"，以推动研究基地成果深度转化，打造新型智库拳头产品。

城市管理蓝皮书编委会

主　　任　刘　林

委　　员　田培源　胡丽琴　刘承水　王　强　冀文彦
　　　　　周秀玲

《中国城市管理报告（2018）》

主　　　编　刘承水

执 行 主 编　王　强　冀文彦

执行副主编　周秀玲　胡雅芬　胡勇慧

主要编撰者简介

刘承水 中国致公党党员,管理学博士,教授。现任北京城市学院校长助理、科技与产业发展部主任、科研处处长、北京社会建设研究院院长、首都城市治理与综合执法研究所执行所长、首都城市环境建设研究基地首席专家、国家自然及社科和北京自然及社科项目评审专家、北京市社会建设专项资金项目评审及验收专家、中国优选法统筹法与经济数学研究会常务理事统筹分会副理事长、北京社会组织评审专家、北京市社会学学会理事、北京城市科学研究会理事、中国致公党北京市委教育专委会常务副主任、中国致公党海淀区委委员。

长期从事城市管理及社会治理领域的教学与科研工作,在国内学术刊物上发表论文60篇,其中SCI 4篇、EI 8篇、ISTP 5篇、核心期刊20篇。出版专著《城市概论》《城市灾害应急管理》等11部,对城市管理和社会治理有比较深入的理解。主持北京社科基金重大课题"首都城市环境建设评价及指数研究"及"首都城市管理体制改革创新研究"。主持及参与国家社科基金"老旧社区和谐治理实证研究"和国家自然科学基金"中文语义依存分析资源构建及分析技术研究"等四项。参与北京市及天津市"十二五"规划纲要编写,参与北京市"十二五"时期社会建设规划纲要编写。主持中央政法委课题"中国大城市发展模式的思考与研究"及其他省部级课题30余项。研究成果多次荣获北京市颁发的优秀科研成果奖。

摘 要

考虑到数据的可获得性和评价标准的相对统一和完整，本文选择了包括4个直辖市、27个省会城市和5个计划单列市的全国36个重点城市进行了2015年城市经济管理综合评价。报告以这36个重点城市为研究样本，构建了完备的指标体系，全书采用统一的研究方法，在指标体系的构建上，遵循了定量性、综合性、替代性、具体性、时间性、客观性等原则。

本书首先介绍了评价指标体系的选取原则，即系统性原则，完备性与相关性原则，可评价性和适用性原则，把握法规政策、参与政府决策原则，全面性、代表性和层次性原则，科学性、实用性原则，定性与定量相结合的原则，突出重点原则，连续性原则，以人为本原则等。着重构建了城市管理水平评价指标体系，对指标体系的权重进行了详细的说明，并就城市管理水平进行了整体排名和评价。

构建和谐、有序、平安的中国是社会管理创新的核心主题和永恒主题。近年来，工业化、城镇化、信息化和国际化进程的高速发展使中国的体制面临转轨，社会面临转型，经济走向市场，传统走向现代，封闭走向开放，越来越拥抱信息化和全球化。在国际局势的影响和冲击下，中国社会管理体系、制度、机制、理念以及方式都需要有重大调整和适应，也给每一个社会人带来反思，社会管理是否需要革新、现有社会管理体系有何弊端，这都是我们应该考虑的问题。报告建立了36个城市社会管理综合指数框架结构，并根据权重对其进行了得分排序，由总指数入手进行剖析，进而对36个城市的各项分指标进行了两两比较，并对4个直辖市的社会管理指数进行了单项比较及剖析。

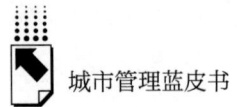
城市管理蓝皮书

城市经济管理水平评价在界定城市经济管理水平内涵的基础上，以可测、权威和透明为原则，建立了涵盖决策规划水平、经济调节水平、市场监管水平和政府基础财力水平4个分项指标的中国城市经济管理水平的评价指标体系。评价结果显示，东部地区的一线城市的城市经济管理水平最高，中部地区的城市经济管理水平稍弱，但一些分项指标的得分超过部分东部城市，西部地区城市经济管理水平整体较低，东北地区城市经济管理水平滑坡明显。

城市文化作为城市生活的高度概括和抽象反映，蕴藏在社会生活的各个方面。报告从城市文化管理的特征入手，构建了较为客观及完备的指标体系，并就指标体系的构成、数据来源、权重设置等方面对评价指标进行了剖析。报告对重点城市的城市文化管理分项特征及分区域城市文化管理水平差异、文化指标分项排名及特点进行了分析，最后给出提高城市文化管理水平的相关建设性意见。

自国家环境保护部全面贯彻实施《大气污染防治行动计划》以来，京津冀、长三角和珠三角等重点区域，健全区域联防联控协作机制。截至目前，我国建成了发展中国家最大的环境空气质量监测网，全国338个地级以上城市全部具备$PM_{2.5}$等六项指标监测能力。在创新、协调、绿色、开放、共享的发展理念下，党中央、国务院对生态文明建设和环境保护做出一系列重大决策部署，各地区、各部门坚决贯彻落实，以改善环境质量为核心，着力解决突出环境问题，取得了积极进展。报告则以"大环境"为抓手，梳理了目前城市空气环境、水环境、声环境、市容环境、绿化环境的现状，并合理引出城市环境管理水平评价考察的内容，即城市固体、液体及气体废弃物管理，生态绿化管理、噪声管理，在此基础上，构建了城市环境管理的指标体系，并就指标体系的评价结果进行分析。

基础设施是城市重要的物质基础，基础设施越是完善、越是优良，城市功能则越是完备，城市品位也越高，还可以促进经济社会的良性发展。报告首先对城市的基础设施进行了概念解析和分类，并从概念上就城市的基础设施的特殊性做了说明,进而构建出城市基础设施管理水平的指标体系,并就城市基础设施管理水平数据进行了来源分析和评价,在现有数据的基础上,对城市基础设施管理进行了现状描述和分析。

关键词:城市管理 城市经济 城市社会 城市文化 城市环境 城市基础设施

目 录

Ⅰ 总报告

B.1 中国重点城市管理综合评价 …………………………………… / 001
    一 城市综合管理水平评价指标体系的构建 …………………… / 002
    二 城市管理水平评价指标权重的计算 ………………………… / 007
    三 城市管理水平单项评价结果 ………………………………… / 009
    附录 权重计算过程 …………………………………………… / 016

Ⅱ 分报告

B.2 中国重点城市社会管理评价 ………… 胡勇慧 刘玲玲 李梦娟 / 035
    一 背景与意义 …………………………………………………… / 036
    二 城市社会管理水平评价指标体系的构建 …………………… / 037
    三 36个重点城市社会管理综合评价结果分析 ………………… / 042
    四 36个城市社会管理投入与发展指数比较分析 ……………… / 045
    五 36个城市社会服务与民生指数比较分析 …………………… / 049

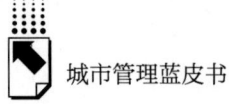

  六　36个城市社会公平与保障指数比较分析……………………／053

  附录　中国36个重点城市社会管理水平评价指标原始数据……／058

B.3　中国重点城市经济管理评价报告………………………胡雅芬／061

  一　城市经济管理水平的内涵及研究意义……………………／061

  二　城市经济管理水平评价指标体系的构建…………………／065

  三　中国36个重点城市经济管理水平评价……………………／074

  附录　中国36个重点城市经济管理水平评价指标原始数据……／086

B.4　中国重点城市文化管理评价报告………………………冀文彦／093

  一　城市文化管理的主体…………………………………………／094

  二　城市文化的基本特征…………………………………………／095

  三　城市文化管理相关概念及指标体系构成…………………／096

  四　重点城市的城市文化管理分项特征………………………／100

  五　分区域城市文化管理水平差异分析………………………／101

  六　城市文化管理水平体系分项排名及特点分析……………／104

  七　提高城市文化管理水平的建议……………………………／107

  八　结论……………………………………………………………／109

  附录　中国36个重点城市文化管理水平排名…………………／110

B.5　中国重点城市环境管理评价报告………………………王　强／111

  一　城市环境评价的研究现状……………………………………／111

  二　构建城市环境管理水平评价指标体系……………………／114

  三　城市环境评价结果……………………………………………／118

  附录　城市环境评价指标数据来源和评分原则………………／131

B.6　中国重点城市基础设施管理评价报告………周秀玲　尚晋刚／139

  一　研究背景和意义………………………………………………／139

目录

　　二　城市基础设施的概念和分类 ·················· / 141

　　三　城市基础设施管理水平指标体系构建和现状分析 ······· / 142

　　四　基于层次分析法的我国重点城市基础
　　　　设施管理水平评价 ······················ / 149

　　附录　中国36个重点城市基础设施管理水平评价指标原始数据
　　　　　································· / 158

B.7 后　记 ································ / 160

B.8 参考文献 ······························· / 161

Abstract ··································· / 163
Contents ··································· / 166

皮书数据库阅读**使用指南**

表目录

表1-1	所选城市经济区域划分	/ 002
表1-2	城市管理水平评价指标体系	/ 005
表1-3	城市管理水平评价指标权重	/ 008
表1-4	36个城市社会管理水平得分及排名	/ 010
表1-5	36个重点城市经济管理水平得分与排名	/ 011
表1-6	36个城市文化管理水平得分与排名	/ 012
表1-7	36个城市环境管理水平总排名	/ 013
表1-8	36个城市基础设施管理水平得分与排名	/ 014
表1-9	36个城市管理水平得分与排名	/ 015
表1-10	城市管理水平评价结构模型	/ 016
表1-11	判断矩阵	/ 018
表1-12	判断矩阵标度及其含义	/ 019
表2-1	城市社会管理水平综合评价指标体系	/ 039
表2-2	36个重点城市名称	/ 042
表2-3	36个重点城市社会管理指数得分与排名	/ 043
表2-4	36个城市社会管理投入与发展指数得分与排名	/ 046
表2-5	36个城市社会服务与民生指数得分与排名	/ 050
表2-6	36个城市社会公平与保障指数得分与排名	/ 054
表3-1	城市经济管理水平综合评价指标体系	/ 068

001

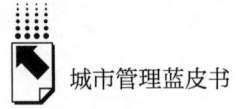

表3-2	城市经济管理水平评价指标权重设置	/ 073
表3-3	36个重点评价城市	/ 074
表3-4	我国36个重点城市经济管理决策规划水平指标得分与排名	/ 074
表3-5	我国36个重点城市经济调节水平指标得分与排名	/ 076
表3-6	我国36个重点城市市场监管水平指标得分与排名	/ 078
表3-7	36个城市政府基础财力水平指标得分与排名	/ 080
表3-8	36个城市总指标综合得分与排名	/ 082
表3-9	36个城市经济管理水平分项排名前十、二十和后十的分布	/ 083
表4-1	城市文化管理水平评价指标体系	/ 097
表4-2	城市文化管理水平评价指标权重设置	/ 099
表4-3	36个重点评价城市	/ 100
表4-4	分区域城市文化管理水平分布	/ 102
表4-5	城市文化管理水平排名前二十的城市	/ 102
表4-6	计划单列市城市文化管理水平排名	/ 104
表4-7	城市文化管理创新能力排名前十位城市	/ 104
表4-8	城市文化管理输出能力排名前十位城市	/ 105
表4-9	城市文化管理投资能力排名前十位城市	/ 105
表4-10	城市文化管理消费能力排名前十位城市	/ 105
表4-11	四个直辖市城市文化管理水平数据对比	/ 105
表5-1	国内外对城市环境评价的指标体系	/ 112
表5-2	环境评价方法	/ 113
表5-3	城市环境管理水平评价指标体系	/ 117
表5-4	城市环境管理水平评价指标权重	/ 118
表5-5	36个城市固体废物管理水平排名	/ 119

表目录

表5-6	我国城市固体废物处理水平	/120
表5-7	36个城市气体废物管理水平排名	/120
表5-8	达标城市比例年际比较	/122
表5-9	36个城市液体废物管理水平排名	/122
表5-10	36个城市生态绿化管理水平排名	/124
表5-11	36个城市噪声管理水平排名	/125
表5-12	36个城市环境管理水平排名	/126
表5-13	我国36个重点城市环境管理水平分项排名前十名和后十名分布	/127
表5-14	36个城市固体废物管理评价指标数据来源及指标评分	/131
表5-15	36个城市工业二氧化硫排放降低指标（H21）数据及评分	/132
表5-16	36个城市工业烟尘排放降低指标数据及评分	/134
表5-17	36个城市细颗粒物（$PM_{2.5}$）年平均浓度（微克/立方米）指标数据及评分	/135
表5-18	36个城市液体废物管理评价指标数据来源及指标评分	/136
表5-19	36个城市城市生态绿化管理评价指标数据来源及指标评分	/137
表5-20	36个城市噪声环境管理评价指标数据来源及指标评分	/138
表6-1	城市基础设施管理水平指标体系和计算方法	/143
表6-2	36个重点城市的名称	/143
表6-3	各级指标权重和综合权重	/150
表6-4	36个城市水电气设施管理水平分值和排名	/151
表6-5	36个城市道路交通设施管理水平分值和排名	/152
表6-6	36个城市邮电通信设施管理水平分值和排名	/154
表6-7	36个城市基础设施管理水平分值和排名	/155
表6-8	经济区域划分	/156
表6-9	我国36个重点城市基础设施管理水平分项排名前十名和后十名分布	/157

图目录

图2-1 城市社会管理水平综合评价指标体系框架结构 …………… / 039
图2-2 36个城市社会管理总指数得分前、后五位排序 …………… / 043
图2-3 36个城市社会管理投入与发展指数得分前、后五位排序 …… / 045
图2-4 36个城市社会服务与民生指数得分前、后五位排序 ……… / 049
图2-5 36个城市社会公平与保障指数得分前、后五位排序 ……… / 054
图3-1 城市经济管理水平综合评价指标体系 …………………… / 067
图4-1 文化金融分类及分析框架示意 …………………………… / 102
图6-1 中国2000~2016年城镇化率和增长率 ………………… / 140
图6-2 城市基础设施系统框架 …………………………………… / 142
图6-3 36个重点城市人均供水能力（2015） …………………… / 144
图6-4 36个重点城市人均供气能力（2015） …………………… / 145
图6-5 36个重点城市人均供电能力（2015） …………………… / 146
图6-6 36个重点城市人均道路面积（2015） …………………… / 147
图6-7 36个重点城市万人拥有公共汽车量（2015） …………… / 147
图6-8 36个重点城市万人拥有移动电话用户数（2015） ……… / 148
图6-9 36个重点城市万人拥有互联网用户数（2015） ………… / 149
图6-10 36个城市水电气设施管理水平分值 …………………… / 151
图6-11 36个城市道路交通设施管理水平分值 ………………… / 153
图6-12 36个城市邮电通信设施管理水平分值 ………………… / 154
图6-13 36个城市基础设施管理水平分值 ……………………… / 156

总 报 告

General Report

B.1
中国重点城市管理综合评价

摘　要： 总报告介绍了评价指标体系的选取原则，即系统性原则，完备性与相关性原则，可评价性和适用性原则，把握法规政策、参与政府决策原则，全面性、代表性和层次性原则，科学性、实用性原则，定性与定量相结合的原则，突出重点原则，连续性原则，以人为本原则等。着重构建了城市管理水平评价指标体系，对指标体系的权重进行了详细的说明，并就城市管理水平进行了整体排名和评价。

关键词： 城市管理　指标体系　重点城市

本研究选择 36 个重点城市进行城市管理水平评价和排名，其中包括 4 个直辖市北京、上海、天津、重庆，27 个省会城市石家庄、太原、呼和浩特、沈阳、长春、哈尔滨、南京、杭州、合肥、福州、南昌、济南、郑州、武汉、长沙、广州、南宁、海口、成都、贵阳、昆明、拉萨、西安、兰州、西宁、银川、乌鲁木齐和5个计划单列市大连、青岛、宁波、厦门、深圳。依据《中国区域经济统计年鉴2011》,我国可划分为4个经济区,这些所选城市的经济区域划分分布如表1-1所示。

表1-1 所选城市经济区域划分

区域	数量	城市
东部地区	10	北京、天津、河北石家庄、上海、江苏南京、浙江杭州和宁波、福建福州和厦门、山东济南和青岛、广东广州和深圳、海南海口
中部地区	6	山西太原、安徽合肥、江西南昌、河南郑州、湖北武汉和湖南长沙
西部地区	12	内蒙古呼和浩特、广西南宁、重庆、四川成都、贵州贵阳、云南昆明、西藏拉萨、陕西西安、甘肃兰州、青海西宁、宁夏银川和新疆乌鲁木齐
东北地区	3	辽宁沈阳和大连、吉林长春和黑龙江哈尔滨

一 城市综合管理水平评价指标体系的构建

(一)城市管理水平评价指标的设计原则

指标是构成指标体系的基本单位,由反映总体现象的特定概念(指标名称)和具体数值(指标数值)两部分构成。指标的特征主要有:数量性、综合性、替代性、具体性、时间性、客观性等。

指标体系是由一系列相互联系、相互制约的指标组成的科学、完整的总体。指标不是一个个孤立存在的,它总是作为一个体系建立起来并发挥作用的。通过一个统计指标,可以认识所研究对象的某个特征,说明一个简单的事实;而把若干个有联系的指标结合在一起,就可以从多方面认识和说明一个比较复杂现象的许多特征及规律性。

指标的建立过程应该是定性分析和定量研究相互结合的过程。定性分析主要是从评价的目的和原则出发,考虑评价指标的完备性、针对性、稳定性、独立性以及指标与评价方法的协调性等因素，主观确定指标和指标结构的过程。定量研究则是指通过一系列的方法，使指标体系定量化，增强指标的科学性、合理性和可比性。在设计首都城市环境建设的考核指标体系时，应该从城市的经济发展水平出发，反映问题的全面性等方面着手，考虑指标体系的设计和选取。在研究和确定评价指标体系及其评价方法时，我们应遵循如下指导原则。

1. 系统性原则

评价指标体系，一方面，要尽可能完整、全面、系统地反映后评价内容的全貌；另一方面，要力求抓住主要因素，突出重点，不搞面面俱到。

2. 完备性与相关性原则

综合评价指标体系能全面并综合地反映后评价的各种因素，但指标体系中应排除指标间的相容性，消除重复设置指标而造成评价结果失真的不合理现象。不应出现过多的信息包容、涵盖而使指标内涵重叠。但是完全独立的指标不能构成一个有机的整体，因此指标之间应有逻辑关系。

3. 可评价性和适用性原则

所选的评价指标应有数据可比性、量化可能性和技术可比性。指标所构建的体系能对评价项目的总体建设水平给出定性和定量评价。同时，设置的指标是能够计算或观察感受到的，能够尽可能利用已有的或常规的统计数据和调查方法加以确定，便于应用操作，具有适用性。

4. 把握法规政策、参与政府决策原则

作为考核城市环境建设的指标体系，必须使考核指标在法规政策方面有依据。指标选取要将辖区环境质量作为考核政府主要领导人工作的重要内容，应把城市环境考核工作纳入政府的综合决策，在城市总体规划中应反映出环境建设考核的主要指标。

5. 全面性、代表性和层次性原则

建立城市环境考核指标体系的目的，是反映和度量城市环境的现状，因此，指标体系应既能全面反映城市环境的各个方面，又要避免指标之间的重叠性。指标的数目应适宜，从社会发展的复合系统的层次与结构、宏观与微观表征的需要，以及决策、评价和考核等方面的可行性考虑，选择有代表性的指标作为首都城市环境建设的考核指标体系。同时，应根据系统的结构分出层次，并将指标分类，使指标体系结构清晰易懂，便于使用。

6. 科学性、实用性原则

指标的选取应建立在充分认识、系统研究的科学基础上，指标设置要简单明了，容易理解，要考虑数据取得的难易程度、可操作性和可靠性。最好是利用现有的统计资料，尽可能选择那些既有代表性又可行的综合指标和重点指标。

7. 定性与定量相结合的原则

指标体系的设计应当满足定性与定量相结合的原则，亦即在定性分析的基础上，还要进行量化处理。只有通过量化，才能较为准确地揭示事物的本来面目。对于缺乏统计数据的定性指标，可采用评分法，利用专家意见近似实现其量化。

8. 突出重点原则

指标体系要反映城市社会、经济和环境的状况，体现精神文明建设和物质文明建设的成效，在考核指标的设置、权重分配等方面应突出重点。

9. 连续性原则

在考核指标实际应用的过程中，如果发现某些操作性不强或再继续进行考核实际意义不大的指标，应注意剔除，并增加某些较易操作，具有较好适宜性及有效性的指标纳入考核指标体系。

10. 以人为本原则

城市环境的优劣，主要应以城市居民的生活适宜程度为标准，因此，考核指标的选择应以人为本，合理选取。

（二）城市管理水平评价指标体系构建

城市管理水平评价指标体系是由1个目标层（城市管理水平），5个一级指标,19个二级指标,56个三级指标组成的层次模型。具体见表1-2。

表1-2 城市管理水平评价指标体系

一级指标	二级指标	三级指标
社会(G)	投入与发展(G1)	一般公共服务支出费用占公共财政支出比重(G11)
		卫生和社会工作从业人员比例(G12)
		教育支出占公共财政支出比例(G13)
		城乡社区支出占公共财政支出比例(G14)
	民生与服务(G2)	城镇恩格尔系数(G21)
		农村恩格尔系数(G22)
		城镇居民人均住房建筑面积(G23)
		每万人医疗机构(医院、卫生院)床位数(G24)
		每万人在校中等职业学生数(G25)
	公平与保障(G3)	城乡居民收入比(G31)
		社会保障与就业支出占地方财政支出比例(G32)
		城市低保标准年度增长情况(G33)
		每万人提供住宿的社会服务机构床位数(G34)
经济(J)	决策规划(J1)	人均地区生产总值(J11)
		城镇居民人均可支配收入(J12)
		实际就业率(J13)
		第三产业占GDP的比重(J14)
	经济调节(J2)	GDP增长率(J21)
		居民消费价格指数(J22)
		城镇登记失业率(J23)
		全社会固定资产投资增长率(J24)
	市场监管(J3)	私营个体从业人员增长率(J31)
		人均金融机构本外币存款余额(J32)
		社会消费品零售额增长率(J33)
	基本财政收支(J4)	财力规模(J41)
		公共财政收入增长率(J42)
		财政赤字率(J43)

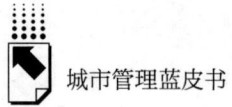

续表

一级指标	二级指标	三级指标
文化（W）	消费能力（W1）	组织文艺活动次数（W11）
		城镇人均文化娱乐消费支出（W12）
		农村人均文化娱乐消费支出（W13）
	创新能力（W2）	规模以上文化制造业企业经费内部支出（W21）
		文化及相关产业专利授权总数（W22）
		每万人在校大学生数（W23）
	投资能力（W3）	文化及相关产业固定资产投资情况（W31）
		公共预算文化体育与传媒支出（W32）
		文化及相关产业（文化制造业、文化批发和零售业、文化服务业）法人单位数（个）（W33）
	输出能力（W4）	规模以上文化制造业新产品出口额（W41）
		出版物出口销售总额（W42）
		全年电视节目出口总额（W43）
环境（H）	城市固体废物管理（H1）	生活垃圾无害化处理率（H11）
		工业固体废物利用率（H12）
	城市气体废物管理（H2）	工业二氧化硫排放降低比率（H21）
		工业烟尘排放降低比例（H22）
		细颗粒物（$PM_{2.5}$）年平均浓度（H23）
	城市液体废物管理（H3）	污水处理厂集中处理率（H31）
		工业废水排放量减少比率（H32）
	城市生态绿化管理（H4）	建成区绿化覆盖率（H41）
	城市噪声环境（H5）	城市噪声路段超标率（H51）
		等效声级 dB（H52）
基础设施（S）	水电气设施（S1）	人均供水能力（S11）
		人均供气能力（S12）
		人均供电能力（S13）
	道路交通设施（S2）	人均城市道路面积（S21）
		每万人拥有公共汽车量（S22）
	邮电通信设施（S3）	万人移动电话数（S31）
		万人互联网用户数（S32）

二 城市管理水平评价指标权重的计算

指标权重的确定和综合指标的计算方法包括层次分析法、熵值法（也称为信息熵）、集对分析法等。比如，王金凤等[①]（2011）在构建城市环境绩效评估体系中利用层次分析法（AHP）确定各个指标的权重，并以此构建了扬州市2006～2009年的压力－状态－响应（PSR）概念模型。李建龙、师学义[②]将灰靶理论和熵权法相结合，利用生态系统服务功能价值法进行山西省晋城市环境影响评价。拉开档次法是郭亚军[③]提出的一种新的权重确定方法。张文艺等[④]采用集对分析方法对马鞍山市大气环境质量进行综合评价，所得结果与该市当年大气环境质量公告相一致，用于大气环境质量评价比较准确。

本次研究采用层次分析法确定权重。层次分析法（The Analytic Hierarchy Process，简称 AHP）是20世纪70年代初，美国运筹学家匹兹堡大学教授 T. L. Satty 应用网络系统理论和多目标综合评价方法，而提出的一种层次权重决策分析方法。层次分析法根据问题的性质和要达到的总目标，将问题分解为不同的组成因素，并按照因素间的相互关联影响以及隶属关系，将因素按不同层次聚集组合，形成一个多层次的分析结构模型，从而最终使问题归结为最低层（供决策的方案、措施等）相对于最高层（总目标）的相对重要权值的确定或相对优劣次序的排定。具体过程见本章附录，结果如表1－3所示。

[①] 王金凤、刘臣辉、任晓明：《基于层次分析法的城市环境绩效评估研究》，《环境科学与管理》2011年第6期。
[②] 李建龙、师学义：《基于熵权灰靶生态系统服务价值模型的土地利用规划环境影响评价——以晋城市为例》，《环境科学学报》2015年第6期。
[③] 郭亚军：《一种新的动态综合评价方法》，《管理科学学报》2002年第4期。
[④] Zhang Wenyi, Fang Hua, Cai Jianan, et al. Assessment for air environmental quality of Ma. anshan city by set pair analy sismethod [J]. Journal of Nanjing University of Science and Technology: Natural Science, 2003, 27 (4): 426－430.

表1-3 城市管理水平评价指标权重

一级指标	一级指标权重	二级指标	二级指标权重	三级指标	三级指标权重	综合权重
G	0.2541	G1	0.2599	G11	0.25	0.0165
				G12	0.25	0.0165
				G13	0.25	0.0165
				G14	0.25	0.0165
		G2	0.4126	G21	0.1867	0.0196
				G22	0.1867	0.0196
				G23	0.1097	0.0115
				G24	0.3301	0.0345
				G25	0.1867	0.0196
		G3	0.3275	G31	0.175	0.0146
				G32	0.2463	0.0204
				G33	0.2894	0.0241
				G34	0.2894	0.0241
J	0.2541	J1	0.3512	J11	0.4516	0.0403
				J12	0.3469	0.0309
				J13	0.1366	0.0122
				J14	0.0649	0.0057
		J2	0.3202	J21	0.4236	0.0344
				J22	0.227	0.0185
				J23	0.227	0.0185
				J24	0.1223	0.01
		J3	0.1012	J31	0.3333	0.0086
				J32	0.3333	0.0086
				J33	0.3333	0.0086
		J4	0.2274	J41	0.4579	0.0265
				J42	0.4161	0.024
				J43	0.126	0.0073
W	0.1918	W1	0.3584	W11	0.4934	0.0338
				W12	0.3108	0.0214
				W13	0.1958	0.0135
		W2	0.3015	W21	0.4934	0.0285
				W22	0.3108	0.018
				W23	0.1958	0.0113

续表

一级指标	一级指标权重	二级指标	二级指标权重	三级指标	三级指标权重	综合权重
W	0.1918	W3	0.2301	W31	0.4934	0.0218
				W32	0.3108	0.0137
				W33	0.1958	0.0087
		W4	0.11	W41	0.6	0.0127
				W42	0.2	0.0042
				W43	0.2	0.0042
H	0.1918	H1	0.2825	H11	0.6	0.0325
				H12	0.4	0.0217
		H2	0.2825	H21	0.3333	0.0181
				H22	0.3334	0.0181
				H23	0.3333	0.0181
		H3	0.2825	H31	0.6	0.0325
				H32	0.4	0.0217
		H4	0.0978	H41	1	0.0188
		H5	0.0546	H51	0.3	0.0031
				H52	0.7	0.0073
S	0.1083	S1	0.5	S11	0.3333	0.0181
				S12	0.3333	0.018
				S13	0.3333	0.0181
		S2	0.25	S21	0.6	0.0162
				S22	0.4	0.0108
		S3	0.25	S31	0.5	0.0135
				S32	0.5	0.0135

三 城市管理水平单项评价结果

通过计算每一个指标的得分和权重，利用如下公式可加权得到每一个城市管理水平的最终得分。

$$E_1(X) = \sum_{i=1}^{m} a_i X_i$$

其中 $E_1(X)$ 是城市管理水平得分，a_i 是一级指标权重，X_i 是一级指标得分。

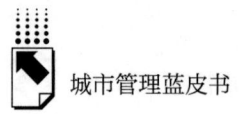

（一）城市社会管理水平综合指数得分及排名

城市社会管理水平综合指数得分及排名如表1-4所示。

表1-4　36个城市社会管理水平得分及排名

城市	排名	得分	城市	排名	得分
杭 州	1	16.73	西 安	19	13.40
北 京	2	16.65	海 口	20	13.19
太 原	3	16.51	长 春	21	13.11
南 京	4	16.10	广 州	22	13.01
济 南	5	15.31	青 岛	23	12.76
上 海	6	15.10	乌鲁木齐	24	12.75
郑 州	7	14.78	宁 波	25	12.45
长 沙	8	14.51	福 州	26	12.34
石家庄	9	14.44	兰 州	27	12.28
昆 明	10	14.43	成 都	28	12.23
沈 阳	11	14.26	呼和浩特	29	12.18
贵 阳	12	14.23	天 津	30	12.18
武 汉	13	14.04	合 肥	31	11.81
哈尔滨	14	13.86	深 圳	32	10.87
大 连	15	13.58	重 庆	33	10.58
西 宁	16	13.56	厦 门	34	9.87
银 川	17	13.53	南 昌	35	9.28
南 宁	18	13.47	拉 萨	36	7.94

从整体上看，36个城市社会管理总指数平均水平为13.26分，满分25.41分，有19个城市得分高于平均水平；从排名上看，排在前五位的分别是杭州16.73分、北京16.65分、太原16.51分、南京16.10分、济南15.31分；排在后五位的分别是深圳10.87分、重庆10.58分、厦门9.87分、南昌9.28分、拉萨7.94分。

（二）城市经济管理水平指标得分及排序

城市经济管理水平指标得分及排名如表1-5所示。

从 2015 年城市经济管理水平排名和得分情况来看，东部地区城市经济管理水平最高，深圳、北京、上海等一线城市尤为突出。中部地区城市经济管理水平总体低于东部，缺乏一流经济管理水平城市。长沙作为唯一一个中部地区城市排入中国城市经济管理水平前十位，但是没有城市排到前五名。后十名中没有中部地区城市。可见中部地区城市总体经济管理水平虽逊于东部地区，但从后十名的情况看，也并没有落后城市。西部地区城市经济管理水平整体欠佳，西部共有 12 个城市进入测评，没有城市进入前十名，乌鲁木齐、呼和浩特、贵阳、西安、重庆、成都是西部地区城市中管理水平较高的城市，分别排在第 10、14、20、21、23 和 24 位，后十名中，西部地区城市占比 40%，可见，整体城市经济管理水平不高。东北地区城市经济管理水平滑坡明显。东北地区计入测评的城市仅有沈阳、大连、长春、哈尔滨四市，城市经济管理水平分别排在第 30、28、32 和 34 位，位居第三和第四层次。

表 1-5　36 个重点城市经济管理水平得分与排名

城市	排名	得分	城市	排名	得分
深　圳	1	18.02	合　肥	19	12.59
北　京	2	17.04	贵　阳	20	12.41
杭　州	3	16.65	西　安	21	12.04
上　海	4	15.90	南　昌	22	11.88
广　州	5	15.36	重　庆	23	11.38
南　京	6	15.18	成　都	24	11.24
宁　波	7	14.41	兰　州	25	11.15
长　沙	8	14.38	拉　萨	26	11.09
天　津	9	14.17	石家庄	27	10.54
乌鲁木齐	10	14.14	大　连	28	10.23
武　汉	11	14.08	海　口	29	9.91
青　岛	12	13.87	沈　阳	30	9.87
厦　门	13	13.53	银　川	31	9.82
呼和浩特	14	13.19	长　春	32	9.65
郑　州	15	13.19	南　宁	33	9.45
太　原	16	12.85	哈尔滨	34	9.09
济　南	17	12.85	昆　明	35	8.87
福　州	18	12.71	西　宁	36	7.55

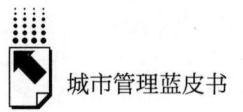

（三）城市文化管理水平指标得分及排序

城市文化管理水平得分及排名如表1-6所示。

表1-6 36个城市文化管理水平得分与排名

城市	排名	得分	城市	排名	得分
上海	1	13.03	郑州	19	2.42
北京	2	10.73	厦门	20	2.33
天津	3	8.92	南昌	21	2.29
南京	4	6.02	呼和浩特	22	2.25
重庆	5	5.95	大连	23	2.23
杭州	6	5.76	石家庄	24	2.07
广州	7	5.61	长春	25	2.03
乌鲁木齐	8	4.86	昆明	26	1.99
宁波	9	4.71	太原	27	1.91
济南	10	3.51	贵阳	28	1.89
福州	11	3.36	兰州	29	1.84
青岛	12	3.17	合肥	30	1.84
长沙	13	3.03	海口	31	1.83
武汉	14	2.79	哈尔滨	32	1.69
深圳	15	2.77	银川	33	1.43
成都	16	2.54	南宁	34	1.37
西安	17	2.51	西宁	35	1.32
沈阳	18	2.47	拉萨	36	0.95

直辖市文化管理水平普遍较高，4个直辖市分别占据了前5名的4个席位，其中以上海为最高，在直辖市中，重庆排在最后，处于全国文化中心的首都北京也仅排在了第2名，天津为第3名。这说明4个直辖市的共同特点是城市文化管理水平都较为出色。东部地区城市文化管理水平普遍较高，排在前十名的城市东部有8个，占比80%，排在前二十名的城市东部有12个，占比60%，这说明东部地区整体城市文化管理水平较高，且文化管理水平一流的城市主要集中于东部地区。中部城市管理水平总体相当，在城市文化管理水平的前二十个名次里，中部城市只占了3个席位，分别是排在第13位的长沙，仅次于长沙的武汉以及排在第19位的郑州，从名次来看，郑州虽然落后

于长沙和武汉,但在得分上郑州的 2.42 分与排在较为靠前的长沙(3.03)以及武汉(2.79)相比较,分数相差无几。这说明,中部城市管理水平总体相当,且缺乏相对一流的文化管理城市。西部城市呈现一流的文化管理水平,西部 12 个省会城市中,有 4 个城市跻身前二十名,分别是重庆、乌鲁木齐、成都和西安。这说明西部的经济发展水平并不是制约其文化管理水平的主要因素,西部的城市文化管理特点正在成为一流文化管理水平城市可借鉴的成功案例。东北地区城市文化管理水平排名进入前二十名的只有沈阳,东北地区城市文化管理整体水平较为落后,且缺乏一流的带头城市。计划单列市城市文化管理水平位居中游,且管理水平参差不齐,差距明显。

(四)城市环境管理水平指标得分及排序

城市环境管理水平得分及排名如表 1-7 所示。

表 1-7 36 个城市环境管理水平总排名

城市	排名	得分	城市	排名	得分
厦 门	1	15.00	福 州	19	12.93
北 京	2	14.36	成 都	20	12.76
南 昌	3	14.35	长 春	21	12.68
银 川	4	14.21	重 庆	22	12.67
大 连	5	13.92	拉 萨	23	12.41
合 肥	6	13.85	宁 波	24	12.32
杭 州	7	13.85	济 南	25	12.21
海 口	8	13.56	石 家 庄	26	12.21
天 津	9	13.52	乌鲁木齐	27	12.02
青 岛	10	13.46	南 宁	28	11.98
上 海	11	13.38	广 州	29	11.96
武 汉	12	13.34	郑 州	30	11.52
西 安	13	13.31	贵 阳	31	11.18
深 圳	14	13.26	南 京	32	10.67
沈 阳	15	13.18	西 宁	33	10.26
呼和浩特	16	13.17	哈 尔 滨	34	10.18
长 沙	17	13.14	兰 州	35	10.00
太 原	18	13.05	昆 明	36	8.74

在城市环境管理水平指标上，2015年我国36个重点城市的平均得分为12.63分，总分19.18分。位于前十名的城市分别为：厦门、北京、南昌、银川、大连、合肥、杭州、海口、天津、青岛。位于后十名的城市分别为：乌鲁木齐、南宁、广州、郑州、贵阳、南京、西宁、哈尔滨、兰州、昆明。

（五）城市基础设施管理水平得分和排名

城市基础设施管理水平得分与排名如表1-8所示。

表1-8　36个城市基础设施管理水平得分与排名

城市	排名	得分	城市	排名	得分
深圳	1	10.04	西安	19	2.32
广州	2	6.07	兰州	20	2.32
厦门	3	6.00	郑州	21	2.31
北京	4	5.47	贵阳	22	2.18
拉萨	5	5.28	长沙	23	2.16
上海	6	5.27	成都	24	2.12
乌鲁木齐	7	4.74	昆明	25	2.06
银川	8	4.49	合肥	26	2.04
南京	9	4.31	沈阳	27	2.04
天津	10	4.20	呼和浩特	28	2.00
武汉	11	3.79	大连	29	1.96
杭州	12	3.57	福州	30	1.78
西宁	13	3.52	南昌	31	1.27
宁波	14	3.48	长春	32	1.26
太原	15	3.04	石家庄	33	1.09
海口	16	2.39	南宁	34	1.08
济南	17	2.38	哈尔滨	35	0.86
青岛	18	2.37	重庆	36	0.38

在城市基础设施管理水平指标上，2015年我国36个重点城市的平均得分为3.10分，满分为10.83分。位于前十名的城市分别为：深圳、广州、厦门、北京、拉萨、上海、乌鲁木齐、银川、南京和天津。位于后十名的城

市分别为：沈阳、呼和浩特、大连、福州、南昌、长春、石家庄、南宁、哈尔滨和重庆。

东部地区城市基础设施管理水平最高，深圳、广州、北京和上海等一线城市尤其突出。深圳、广州、厦门、北京、上海、南京和天津这7个东部城市位于城市基础设施管理水平前十位。西部地区城市基础设施管理水平较高，但同区域城市之间基础设施管理水平差距也较大。中部地区城市基础设施管理水平位于中等。东北地区城市基础设施管理水平欠缺，需进一步提高。

（六）城市管理水平总分值和排名

本研究所考察的36个重点城市的最终排名如表1-9所示。

表1-9 36个城市管理水平得分与排名

城市	排名	得分	城市	排名	得分
北 京	1	63.589	西 安	19	43.166
上 海	2	62.211	呼和浩特	20	42.452
杭 州	3	55.887	合 肥	21	42.047
深 圳	4	53.878	沈 阳	22	41.634
天 津	5	52.767	贵 阳	23	41.472
广 州	6	52.233	大 连	24	41.419
南 京	7	51.727	海 口	25	41.144
武 汉	8	47.751	重 庆	26	40.983
乌鲁木齐	9	47.591	成 都	27	40.959
宁 波	10	47.079	长 春	28	39.979
厦 门	11	46.993	石家庄	29	39.732
太 原	12	46.906	南 昌	30	39.303
长 沙	13	46.594	拉 萨	31	38.124
济 南	14	45.894	兰 州	32	37.364
青 岛	15	45.185	南 宁	33	37.208
郑 州	16	43.6	西 宁	34	35.969
银 川	17	43.234	哈尔滨	35	35.702
福 州	18	43.181	昆 明	36	35.569

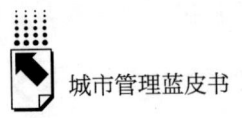
城市管理蓝皮书

附录 权重计算过程

(一)层次分析法的基本原理和步骤

层次分析法(Analytical Hierarchy Process,AHP)是20世纪70年代初,美国运筹学家匹兹堡大学教授 T. L. Satty 应用网络系统理论和多目标综合评价方法,而提出的一种层次权重决策分析方法。

层次分析法根据问题的性质和要达到的总目标,将问题分解为不同的组成因素,并按照因素间的相互关联影响以及隶属关系,将因素按不同层次聚集组合,形成一个多层次的分析结构模型,从而最终使问题归结为最低层(供决策的方案、措施等)相对于最高层(总目标)的相对重要权值的确定或相对优劣次序的排定。

利用层次分析法解决问题时,大致可以分为如下几个步骤。

(1)建立层次结构模型

(2)构建判断(成对比较)矩阵

(3)层次单排序及其一致性检验

(4)层次总排序及其一致性检验

(二)建立层次结构模型

城市管理水平评价结构模型如表1-10所示。

表1-10 城市管理水平评价结构模型

一级指标	二级指标	三级指标
社会(G)	投入与发展(G1)	一般公共服务支出费用占公共财政支出比重(G11)
		卫生和社会工作从业人员比率(G12)
		教育支出占公共财政支出比率(G13)
		城乡社区支出占公共财政支出比率(G14)

续表

一级指标	二级指标	三级指标
社会(G)	民生与服务(G2)	城镇恩格尔系数(G21)
		农村恩格尔系数(G22)
		城镇居民人均住房建筑面积(G23)
		每万人医疗机构(医院、卫生院)床位数(G24)
		每万人在校中等职业学生数(G25)
	公平与保障(G3)	城乡居民收入比(G31)
		社会保障与就业支出占地方财政支出比例(G32)
		城市低保标准年度增长情况(G33)
		每万人提供住宿的社会服务机构床位数(G34)
经济(J)	决策规划(J1)	人均地区生产总值(J11)
		城镇居民人均可支配收入(J12)
		实际就业率(J13)
		第三产业占GRP的比重(J14)
	经济调节(J2)	GRP增长率(J21)
		居民消费价格指数(J22)
		城镇登记失业率(J23)
		全社会固定资产投资增长率(J24)
	市场监管(J3)	私营个体从业人员增长率(J31)
		人均金融机构本外币存款余额(J32)
		社会消费品零售额增长率(J33)
	基本财政收支(J4)	财力规模(J41)
		公共财政收入增长率(J42)
		财政赤字率(J43)
文化(W)	消费能力(W1)	组织文艺活动次数(W11)
		城镇人均文化娱乐消费支出(W12)
		农村人均文化娱乐消费支出(W13)
	创新能力(W2)	规模以上文化制造业企业经费内部支出(W21)
		文化及相关产业专利授权总数(W22)
		每万人在校大学生数(W23)
	投资能力(W3)	文化及相关产业固定资产投资情况(W31)
		公共预算文化体育与传媒支出(W32)
		文化及相关产业(文化制造业、文化批发和零售业、文化服务业)法人单位数(个)(W33)
	输出能力(W4)	规模以上文化制造业新产品出口额(W41)
		出版物出口销售总额(W42)
		全年电视节目出口总额(W43)

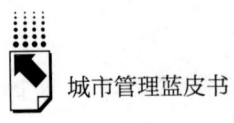

续表

一级指标	二级指标	三级指标
环境(H)	城市固体废物管理(H1)	生活垃圾无害化处理率(H11)
		工业固体废物利用率(H12)
	城市气体废物管理(H2)	工业二氧化硫排放降低比率(H21)
		工业烟尘排放降低比例(H22)
		细颗粒物($PM_{2.5}$)年平均浓度(H23)
	城市液体废物管理(H3)	污水处理厂集中处理率(H31)
		工业废水排放量减少比率(H32)
	城市生态绿化管理(H4)	建成区绿化覆盖率(H41)
	城市噪声环境(H5)	城市噪声路段超标率(H51)
		等效声级 dB(H52)
基础设施(S)	水电气设施(S1)	人均供水能力(S11)
		人均供气能力(S12)
		人均供电能力(S13)
	道路交通设施(S2)	人均城市道路面积(S21)
		每万人拥有公共汽车量(S22)
	邮电通信设施(S3)	万人移动电话数(S31)
		万人互联网用户数(S32)

以上城市管理水平评价结构模型是1个由目标层（城市管理水平），5个一级指标，19个二级指标，56个三级指标组成的层次模型。

（三）构建判断矩阵

1. 方法

判断矩阵表示针对上一层次某因素，本层次上有关因素之间相对重要性的比较。假定某层次因素中 A_k 与下一层次有联系，一般地，可以构造如表1-11所示的判断矩阵。

表1-11 判断矩阵

A_k	B_1	B_2	…	B_n
B_1	b_{11}	b_{12}	…	b_{1n}
B_2	b_{21}	b_{22}	…	b_{2n}
⋮	⋮	⋮	⋮	⋮
B_n	b_{n1}	b_{n2}	…	b_{nn}

对任意两个因素 B_i 和 B_j，用 b_{ij} 表示 B_i 和 B_j 对 A_k 的相对重要性之比，Satty 等人提出按 1~9 的比例标度来度量 b_{ij}（$i, j = 1, 2, \cdots, n$），如表 1-12 所示。

表 1-12　判断矩阵标度及其含义

标度	含义
1	B_i 与 B_j 同样重要
3	B_i 比 B_j 稍微重要
5	B_i 比 B_j 重要
7	B_i 比 B_j 明显重要
9	B_i 比 B_j 绝对重要
2,4,6,8	B_i 与 B_j 的重要性之比在上述两个相邻等级之间
1/2,$\cdots$,1/9	B_j 与 B_i 的重要性之比为上面 b_{ij} 的倒数

2. 一级指标的判断矩阵

根据专家打分法得到判断矩阵如下。

城市社会管理（G）、城市经济管理（J）、城市文化管理（W）、城市环境管理（H）、城市基础设施管理（S）相对于城市管理水平的判断矩阵 O：

O	G	J	W	H	S
G	1	1	2	1	2
J	1	1	1	2	2
W	1/2	1	1	1	2
H	1	1/2	1	1	2
S	1/2	1/2	1/2	1/2	1

O = [1 1 2 1 2;1 1 1 2 2;1/2 1 1 1 2;1 1/2 1 1 2;1/2 1/2 1/2 1/2 1]

3. 二级指标的判断矩阵

（1）社会管理二级指标的判断矩阵

G	G1	G2	G3
G1	1	1/2	1
G2	2	1	1
G3	1	1	1

$$G = [1\ 1/2\ 1; 2\ 1\ 1; 1\ 1\ 1]$$

（2）经济管理二级指标的判断矩阵

J	J1	J2	J3	J4
J1	1	1	3	2
J2	1	1	4	1
J3	1/3	1/4	1	1/2
J4	1/2	1	2	1

$$J = [1\ 1\ 3\ 2; 1\ 1\ 4\ 1; 1/3\ 1/4\ 1\ 1/2; 1/2\ 1\ 2\ 1]$$

（3）文化管理二级指标的判断矩阵

W	W1	W2	W3	W4
W1	1	1	2	3
W2	1	1	1	3
W3	1/2	1	1	2
W4	1/3	1/3	1/2	1

$$W = [1\ 1\ 2\ 3; 1\ 1\ 1\ 3; 1/2\ 1\ 1\ 2; 1/3\ 1/3\ 1/2\ 1]$$

（4）环境管理二级指标的判断矩阵

H	H1	H2	H3	H4	H5
H1	1	1	1	3	5
H2	1	1	1	3	5
H3	1	1	1	3	5
H4	1/3	1/3	1/3	1	2
H5	1/5	1/5	1/5	1/2	1

$H = [1\ 1\ 1\ 3\ 5; 1\ 1\ 1\ 3\ 5; 1\ 1\ 1\ 3\ 5; 1/3\ 1/3\ 1/3\ 1\ 2; 1/5\ 1/5\ 1/5\ 1/2\ 1]$

（5）基础设施管理二级指标的判断矩阵

S	S1	S2	S3
S1	1	2	2
S2	1/2	1	1
S3	1/2	1	1

$S = [1\ 2\ 2; 1/2\ 1\ 1; 1/2\ 1\ 1]$

4. 三级指标的判断矩阵

（1）社会管理三级指标的判断矩阵

①投入与发展（G1）三级指标的判断矩阵

G1	G11	G12	G13	G14
G11	1	1	1	1
G12	1	1	1	1
G13	1	1	1	1
G14	1	1	1	1

$G1 = [1\ 1\ 1\ 1; 1\ 1\ 1\ 1; 1\ 1\ 1\ 1; 1\ 1\ 1\ 1]$

②民生与服务（G2）三级指标的判断矩阵

G2	G21	G22	G23	G24	G25
G21	1	1	2	1/2	1
G22	1	1	2	1/2	1
G23	1/2	1/2	1	1/2	1/2
G24	2	2	2	1	2
G25	1	1	2	1/2	1

$G2 = [1\ 1\ 2\ 1/2\ 1; 1\ 1\ 2\ 1/2\ 1; 1/2\ 1/2\ 1\ 1/2\ 1/2; 2\ 2\ 2\ 1\ 2; 1\ 1\ 2\ 1/2\ 1]$

③公平与保障（G3）三级指标的判断矩阵

G3	G31	G32	G33	G34
G31	1	1	1/2	1/2
G32	1	1	1	1
G33	2	1	1	1
G34	2	1	1	1

G3 = [1 1 1/2 1/2;1 1 1 1;2 1 1 1;2 1 1 1]

（2）经济管理三级指标的判断矩阵

①决策规划（J1）三级指标的判断矩阵

J1	J11	J12	J13	J14
J11	1	2	3	5
J12	1/2	1	4	5
J13	1/3	1/4	1	3
J14	1/5	1/5	1/3	1

J1 = [1 2 3 5;1/2 1 4 5;1/3 1/4 1 3;1/5 1/5 1/3 1]

②经济调节（J2）三级指标的判断矩阵

J2	J21	J22	J23	J24
J21	1	2	2	3
J22	1/2	1	1	2
J23	1/2	1	1	2
J23	1/3	1/2	1/2	1

J2 = [1 2 2 3;1/2 1 1 2;1/2 1 1 2;1/3 1/2 1/2 1]

③市场监管（J3）三级指标的判断矩阵

J3	J31	J32	J33
J31	1	1	1
J32	1	1	1
J33	1	1	1

$$J3 = [1\ 1\ 1; 1\ 1\ 1; 1\ 1\ 1]$$

④基本财政收支（J4）三级指标的判断矩阵

J4	J41	J42	J43
J41	1	1	4
J42	1	1	3
J43	1/4	1/3	1

$$J4 = [1\ 1\ 4; 1\ 1\ 3; 1/4\ 1/3\ 1]$$

（3）文化管理三级指标的判断矩阵

①消费能力（W1）三级指标的判断矩阵

W1	W11	W12	W13
W11	1	2	2
W12	1/2	1	2
W13	1/2	1/2	1

$$W1 = [1\ 2\ 2; 1/2\ 1\ 2; 1/2\ 1/2\ 1]$$

②创新能力（W2）三级指标的判断矩阵

W2	W21	W22	W23
W21	1	2	2
W22	1/2	1	2
W23	1/2	1/2	1

$$W2 = [1\ 2\ 2; 1/2\ 1\ 2; 1/2\ 1/2\ 1]$$

③投资能力（W3）三级指标的判断矩阵

W3	W31	W32	W33
W31	1	2	2
W32	1/2	1	2
W33	1/2	1/2	1

$$W3 = [1\ 2\ 2; 1/2\ 1\ 2; 1/2\ 1/2\ 1]$$

④输出能力（W4）三级指标的判断矩阵

W4	W41	W42	W43
W41	1	3	3
W42	1/3	1	1
W43	1/3	1	1

$$W4 = [1\ 3\ 3; 1/3\ 1\ 1; 1/3\ 1\ 1]$$

（4）环境管理三级指标的判断矩阵

城市气体废物管理（H2）三级指标的判断矩阵

H2	H21	H22	H23
H21	1	1	1
H22	1	1	1
H23	1	1	1

$$H2 = [1\ 1\ 1; 1\ 1\ 1; 1\ 1\ 1]$$

（5）基础设施管理三级指标的判断矩阵

水电气设施（S1）三级指标的判断矩阵

S1	S11	S12	S13
S11	1	1	1
S12	1	1	1
S13	1	1	1

$$S1 = [1\ 1\ 1;1\ 1\ 1;1\ 1\ 1]$$

（四）层次单排序和一致性检验

1.利用判断矩阵 B 计算一级指标权重的步骤（层次单排序和一致性检验）

步骤1：计算判断矩阵 B 的最大特征值 λ 和其所对应的特征向量 V；

步骤2：计算一致性指标 CI 和一致性比率 CR。公式如下：

$$CI = (\lambda - n)/(n-1)$$
$$CR = CI/RI$$

其中 n 为判断矩阵 B 的阶数，RI 为平均随机一致性指标，取值如下：

矩阵阶数	1	2	3	4	5	6	7	8	9	10	11	12
RI	0	0	0.58	0.90	1.12	1.24	1.32	1.41	1.45	1.49	1.51	1.54

步骤3：进行判断：若一致性比率 $CR < 0.1$，则说明判断矩阵符合一致性要求，否则修改判断矩阵 B，重复上面步骤1，2 和 3。

步骤4：计算权重系数：$W = \dfrac{V}{\sum\limits_{i=1}^{n} V_i}$

2.一级指标层次单排序和一致性检验

对于判断矩阵 O = [1 1 2 1 2；1 1 1 2 2；1/2 1 1 1 2；1 1/2 1 1 2；1/2 1/2 1/2 1/2 1]，得到：

$$n = 5; \lambda = 5.1168; CI = 0.0292; RI = 1.12; CR = 0.0261$$

$CR < 0.1$ 符合一致性原则。进而得到权值向量为：

$$W = (0.2541 \quad 0.2541 \quad 0.1918 \quad 0.1918 \quad 0.1083)$$

3. 二级指标层次单排序和一致性检验

（1）社会管理二级指标层次单排序和一致性检验

对于判断矩阵 G = [1 1/2 1；2 1 1；1 1 1]，得到：

$$n=3; \lambda=3.0536; CI=0.0268; RI=0.58; CR=0.0462$$

$CR<0.1$ 符合一致性原则。进而得到权值向量为：

$$W=(0.2599 \quad 0.4126 \quad 0.3275)$$

（2）经济管理二级指标层次单排序和一致性检验

对于判断矩阵 J = [1 1 3 2；1 1 4 1；1/3 1/4 1 1/2；1/2 1 2 1]，得到：

$$n=4; \lambda=4.0710; CI=0.0237; RI=0.90; CR=0.0263$$

$CR<0.1$ 符合一致性原则。进而得到权值向量为：

$$W=(0.3512 \quad 0.3202 \quad 0.1012 \quad 0.2274)$$

（3）文化管理二级指标层次单排序和一致性检验

对于判断矩阵 W = [1 1 2 3；1 1 1 3；1/2 1 1 2；1/3 1/3 1/2 1]，得到：

$$n=4; \lambda=4.0458; CI=0.0153; RI=0.90; CR=0.0170$$

$CR<0.1$ 符合一致性原则。进而得到权值向量为：

$$W=(0.3584 \quad 0.3015 \quad 0.2301 \quad 0.1100)$$

（4）环境管理二级指标层次单排序和一致性检验

对于判断矩阵 H = [1 1 1 3 5；1 1 1 3 5；1 1 1 3 5；1/3 1/3 1/3 1 2；1/5 1/5 1/5 1/2 1]，得到：

$$n=5; \lambda=5.0040; CI=0; RI=1.12; CR=0$$

$CR<0.1$ 符合一致性原则。进而得到权值向量为：

$$W=(0.2825 \quad 0.2825 \quad 0.2825 \quad 0.0978 \quad 0.0546)$$

（5）基础设施管理二级指标层次单排序和一致性检验

根据上述步骤，对于判断矩阵 S = [1 2 2；1/2 1 1；1/2 1 1]，得到：

$$n=3; \lambda=3; CI=0; RI=0.58; CR=0$$

$CR<0.1$ 符合一致性原则。进而得到权值向量为：

$$W=(0.5000 \quad 0.2500 \quad 0.2500)$$

4. 三级指标层次单排序和一致性检验

（1）社会管理三级指标层次单排序和一致性检验

①投入与发展（G1）三级指标层次单排序和一致性检验

对于判断矩阵 G1 = ［1 1 1 1；1 1 1 1；1 1 1 1；1 1 1 1］，得到：

$$n=4; \lambda=4; CI=0; RI=0.90; CR=0$$

$CR<0.1$ 符合一致性原则。进而得到权值向量为：

$$W=(0.2500 \quad 0.2500 \quad 0.2500 \quad 0.2500)$$

②民生与服务（G2）三级指标层次单排序和一致性检验

对于判断矩阵 G2 = ［1 1 2 1/2 1；1 1 2 1/2 1；1/2 1/2 1 1/2 1/2；2 2 2 1 2；1 1 2 1/2 1］，得到：

$$n=5; \lambda=5.0586; CI=0.0147; RI=1.12; CR=0.0131$$

$CR<0.1$ 符合一致性原则。进而得到权值向量为：

$$W=(0.1867 \quad 0.1867 \quad 0.1097 \quad 0.3301 \quad 0.1867)$$

③公平与保障（G3）三级指标层次单排序和一致性检验

对于判断矩阵 G3 = ［1 1 1/2 1/2；1 1 1 1；2 1 1 1；2 1 1 1］，得到：

$$n=4; \lambda=4.0606; CI=0.0202; RI=0.90; CR=0.0225$$

$CR<0.1$ 符合一致性原则。进而得到权值向量为：

$$W=(0.1750 \quad 0.2463 \quad 0.2894 \quad 0.2894)$$

（2）经济管理三级指标层次单排序和一致性检验

①决策规划（J1）三级指标层次单排序和一致性检验

对于判断矩阵 J1 = ［1 2 3 5；1/2 1 4 5；1/3 1/4 1 3；1/5 1/5 1/3 1］，

得到：

$$n=4; \lambda=4.1621; CI=0.0540; RI=0.90; CR=0.0600$$

$CR<0.1$ 符合一致性原则。进而得到权值向量为：

$$W=(0.4516 \quad 0.3469 \quad 0.1366 \quad 0.0649)$$

②经济调节（J2）三级指标层次单排序和一致性检验

对于判断矩阵 J2 = [1 2 2 3; 1/2 1 1 2; 1/2 1 1 2; 1/3 1/2 1/2 1]，得到：

$$n=4; \lambda=4.0104; CI=0.0035; RI=0.90; CR=0.0038$$

$CR<0.1$ 符合一致性原则。进而得到权值向量为：

$$W=(0.4236 \quad 0.2270 \quad 0.2270 \quad 0.1223)$$

③市场监管（J3）三级指标层次单排序和一致性检验

对于判断矩阵 J3 = [1 1 1; 1 1 1; 1 1 1]，得到：

$$n=3; \lambda=3.0000; CI=0; RI=0.58; CR=0$$

$CR<0.1$ 符合一致性原则。进而得到权值向量为：

$$W=(0.3333 \quad 0.3333 \quad 0.3333)$$

④基本财政收支（J4）三级指标层次单排序和一致性检验

对于判断矩阵 J4 = [1 1 4; 1 1 3; 1/4 1/3 1]，得到：

$$n=3; \lambda=3.0092; CI=0.0046; RI=0.58; CR=0.0079$$

$CR<0.1$ 符合一致性原则。进而得到权值向量为：

$$W=(0.4579 \quad 0.4161 \quad 0.1260)$$

（3）文化管理三级指标层次单排序和一致性检验

①消费能力（W1）三级指标层次单排序和一致性检验

对于判断矩阵 W1 = [1 2 2; 1/2 1 2; 1/2 1/2 1]，得到：

$$n=3; \lambda=3.0536; CI=0.0268; RI=0.58; CR=0.0462$$

$CR < 0.1$ 符合一致性原则。进而得到权值向量为：

$$W = (0.4934 \quad 0.3108 \quad 0.1958)$$

②创新能力（W2）三级指标层次单排序和一致性检验

对于判断矩阵 W2 = [1 2 2; 1/2 1 2; 1/2 1/2 1]，得到：

$$n = 3; \lambda = 3.0536; CI = 0.0268; RI = 0.58; CR = 0.0462$$

$CR < 0.1$ 符合一致性原则。进而得到权值向量为：

$$W = (0.4934 \quad 0.3108 \quad 0.1958)$$

③投资能力（W3）三级指标层次单排序和一致性检验

对于判断矩阵 W3 = [1 2 2; 1/2 1 2; 1/2 1/2 1]，得到：

$$n = 3; \lambda = 3.0536; CI = 0.0268; RI = 0.58; CR = 0.0462$$

$CR < 0.1$ 符合一致性原则。进而得到权值向量为：

$$W = (0.4934 \quad 0.3108 \quad 0.1958)$$

④输出能力（W4）三级指标层次单排序和一致性检验

对于判断矩阵 W4 = [1 3 3; 1/3 1 1; 1/3 1 1]，得到：

$$n = 3; \lambda = 3.0000; CI = 0; RI = 0.58; CR = 0$$

$CR < 0.1$ 符合一致性原则。进而得到权值向量为：

$$W = (0.6000 \quad 0.2000 \quad 0.2000)$$

（4）环境管理三级指标层次单排序和一致性检验

①城市固体废物管理（H1）三级指标层次单排序和一致性检验

$$n = 2; \lambda = 2; CI = 0; RI = 0;$$

得到权值向量为：

$$W = (0.6000 \quad 0.4000)$$

②城市气体废物管理（H2）三级指标层次单排序和一致性检验

对于判断矩阵 H2 = [1 1 1；1 1 1；1 1 1]，得到：

$$n = 3; \lambda = 3.0000; CI = 0; RI = 0.58; CR = 0$$

$CR < 0.1$ 符合一致性原则。进而得到权值向量为：

$$W = (0.3333 \quad 0.3333 \quad 0.3333)$$

③城市液体废物管理（H3）三级指标层次单排序和一致性检验

$$n = 2; \lambda = 2; CI = 0; RI = 0;$$

得到权值向量为：

$$W = (0.6000 \quad 0.4000)$$

④城市生态绿化管理（H4）三级指标层次单排序和一致性检验

$$n = 1; \lambda = 1; CI = 0; RI = 0;$$

得到权值向量为：

$$W = 1$$

⑤城市噪声环境（H5）三级指标层次单排序和一致性检验

$$n = 2; \lambda = 2; CI = 0; RI = 0;$$

得到权值向量为：

$$W = (0.3000 \quad 0.7000)$$

（5）基础设施管理三级指标层次单排序和一致性检验

①水电气设施（S1）三级指标层次单排序和一致性检验

对于判断矩阵 S1 = [1 1 1；1 1 1；1 1 1]，得到：

$$n = 3; \lambda = 3; CI = 0; RI = 0.58; CR = 0$$

$CR < 0.1$ 符合一致性原则。进而得到权值向量为：

$$W = (0.3333 \quad 0.3333 \quad 0.3333)$$

②道路交通设施（S2）三级指标层次单排序和一致性检验

$$n=2; \lambda=2; CI=0; RI=0;$$

得到权值向量为

$$W=(0.6\ 0.4)$$

③邮电通信设施（S3）三级指标层次单排序和一致性检验

$$n=2; \lambda=2; CI=0; RI=0;$$

得到权值向量为

$$W=(0.5\ 0.5)$$

（五）层次总排序和一致性检验

1. 层次总排序和一致性检验的方法

组合一致性检验可逐层进行。

设 k 层的一致性指标为 $CI_1^{(k)}, CI_2^{(k)}, \cdots, CI_n^{(k)}$（$n$ 为第 $k-1$ 层的因素的数目），对应的随机一致性指标为 $RI_1^{(k)}, RI_2^{(k)}, \cdots, RI_n^{(k)}$。定义

$$CI^{(k)} = [CI_1^{(k)}, CI_2^{(k)}, \cdots, CI_n^{(k)}] w^{(k-1)}$$
$$RI^{(k)} = [RI_1^{(k)}, RI_2^{(k)}, \cdots, RI_n^{(k)}] w^{(k-1)}$$

其中 $w^{(k-1)}$ 为 $k-1$ 层的权值向量。则第 k 层的组合一致性比率为：

$$CR^{(k)} = \frac{CI^{(k)}}{RI^{(k)}} (k \geq 3)$$

当 $CR^{(k)} < 0.10$ 时，则第 k 层通过组合一致性检验。

定义最下层（第 s 层）对第 1 层（目标层）的组合一致性比率为：

$$CR^* = \sum_{k=2}^{s} CR^{(k)}$$

仅当 CR^* 适当小时，才认为整个层次的比较判断通过一致性检验。

2. 层次总排序和一致性检验

设目标为第一层，一级指标为第二层（5 个），二级指标为第三层（19

个),三级指标为第四层(56 个)。

(1) 三级指标所在第四层组合一致性检验

$W^{(3)} = [0.2599\ \ 0.4126\ \ 0.3275\ \ 0.3512\ \ 0.3202\ \ 0.1012\ \ 0.2274$
$\qquad\quad 0.3584\ \ 0.3015\ \ 0.2301\ \ 0.1100\ \ 0.2825\ \ 0.2825\ \ 0.2825$
$\qquad\quad 0.0978\ \ 0.0546\ \ 0.5000\ \ 0.2500\ \ 0.2500]$

$CI^{(4)} = [0\ \ 0.0147\ \ 0.0202\ \ 0.0540\ \ 0.0035\ \ 0\ \ 0.0046\ \ 0.0268\ \ 0.0268$
$\qquad\quad 0.0268\ \ 0\ \ 0\ \ 0\ \ 0\ \ 0\ \ 0\ \ 0\ \ 0]$

$RI^{(4)} = [0.90\ \ 1.12\ \ 0.90\ \ 0.90\ \ 0.90\ \ 0.58\ \ 0.58\ \ 0.58\ \ 0.58\ \ 0.58$
$\qquad\quad 0.58\ \ 0\ \ 0.58\ \ 0\ \ 0\ \ 0\ \ 0.58\ \ 0\ \ 0]$

$CR^{(4)} = CI^{(4)} \times W^{(3)} / RI^{(4)} \times W^{(3)} = 0.0205 < 0.1$

由于 CR 小于 0.1,所以第四层组合一致性检验通过。

(2) 二级指标所在第三层组合一致性检验

$W^{(2)} = [0.2541\ \ 0.2541\ \ 0.1918\ \ 0.1918\ \ 0.1083]$
$CI^{(3)} = [0.0268\ \ 0.0237\ \ 0.0153\ \ 0\ \ 0]$
$RI^{(3)} = [0.58\ \ 0.90\ \ 0.90\ \ 1.12\ \ 0.58]$
$CR^{(3)} = CI^{(3)} \times W^{(2)} / RI^{(3)} \times W^{(2)} = 0.0191 < 0.1$

由于 CR 小于 0.1,所以第三层组合一致性检验通过。

(3) 三级指标所在第四层对目标层(第一层)的组合一致性检验

$CR^{*} = CR^{(2)} + CR^{(3)} + CR^{(4)} = CR = 0.0261 + 0.0191 + 0.0205 = 0.0657 < 0.1$

CR^{*} 小于 0.1,组合一致性检验通过。

3. 层次总排序的结果

一级指标	一级指标权重	二级指标	二级指标权重	三级指标	三级指标权重	综合权重
G	0.2541	G1	0.2599	G11	0.25	0.0165
				G12	0.25	0.0165
				G13	0.25	0.0165
				G14	0.25	0.0165

续表

一级指标	一级指标权重	二级指标	二级指标权重	三级指标	三级指标权重	综合权重
G	0.2541	G2	0.4126	G21	0.1867	0.0196
				G22	0.1867	0.0196
				G23	0.1097	0.0115
				G24	0.3301	0.0345
				G25	0.1867	0.0196
		G3	0.3275	G31	0.175	0.0146
				G32	0.2463	0.0204
				G33	0.2894	0.0241
				G34	0.2894	0.0241
J	0.2541	J1	0.3512	J11	0.4516	0.0403
				J12	0.3469	0.0309
				J13	0.1366	0.0122
				J14	0.0649	0.0057
		J2	0.3202	J21	0.4236	0.0344
				J22	0.227	0.0185
				J23	0.227	0.0185
				J24	0.1223	0.01
		J3	0.1012	J31	0.3333	0.0086
				J32	0.3333	0.0086
				J33	0.3333	0.0086
		J4	0.2274	J41	0.4579	0.0265
				J42	0.4161	0.024
				J43	0.126	0.0073
W	0.1918	W1	0.3584	W11	0.4934	0.0338
				W12	0.3108	0.0214
				W13	0.1958	0.0135
		W2	0.3015	W21	0.4934	0.0285
				W22	0.3108	0.018
				W23	0.1958	0.0113
		W3	0.2301	W31	0.4934	0.0218
				W32	0.3108	0.0137
				W33	0.1958	0.0087
		W4	0.11	W41	0.6	0.0127
				W42	0.2	0.0042
				W43	0.2	0.0042

续表

一级指标	一级指标权重	二级指标	二级指标权重	三级指标	三级指标权重	综合权重
H	0.1918	H1	0.2825	H11	0.6	0.0325
				H12	0.4	0.0217
		H2	0.2825	H21	0.3333	0.0181
				H22	0.3334	0.0181
				H23	0.3333	0.0181
		H3	0.2825	H31	0.6	0.0325
				H32	0.4	0.0217
		H4	0.0978	H41	1	0.0188
		H5	0.0546	H51	0.3	0.0031
				H52	0.7	0.0073
S	0.1083	S1	0.5	S11	0.3333	0.0181
				S12	0.3333	0.018
				S13	0.3333	0.0181
		S2	0.25	S21	0.6	0.0162
				S22	0.4	0.0108
		S3	0.25	S31	0.5	0.0135
				S32	0.5	0.0135

分 报 告

Sub-reports

B.2
中国重点城市社会管理评价

胡勇慧 刘玲玲 李梦娟*

摘　要： 本报告利用层次分析法和指标加权方法对全国36个重点城市进行城市社会管理水平评价和排名，并对评价结果进行了分析。指标体系包括投入与发展水平、服务与民生水平、公平与保障水平等三个板块，涉及社会领域公共投入、社会服务、民生情况、社会公平、社会保障等诸多要素。评价结果体现了"人民日益增长的美好生活需要和不平衡不充分的发展之间的矛盾"，城市社会管理水平存在与其经济发展水平不相匹配的情况，一些经济较发达城市的社会管理发展尤其不充分，

---

* 本文为2015年北京市社会科学基金研究基地项目资金资助研究成果，批准号为15JDSHB002。项目组成员：胡勇慧，北京城市学院副教授，社会学博士，研究方向：社会治理、社会组织，本项目负责人和本文执笔人；刘玲玲，北京城市学院副教授，管理学博士，研究方向：城市管理；李梦娟，北京城市学院实习研究员，社会工作专业硕士，研究方向：社区治理。

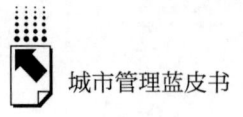
城市管理蓝皮书

城市社会管理与经济管理未实现同步发展。

关键词： 城市管理　社会管理　综合评价

一　背景与意义

党的十八大报告提出推进中国特色社会主义事业的"五位一体"总体布局，意味着改革开放近40年来，我国的"现代化"理论体系从局部现代化到全面现代化，从不大协调的现代化到全面协调的现代化的转型，经历了从"经济现代化"，到十六大报告拓展为"三位一体"（经济建设、政治建设、文化建设），十七大拓展为"四位一体"（经济建设、政治建设、文化建设和社会建设），再到十八大进一步拓展到"五位一体"（经济建设、政治建设、文化建设、社会建设、生态文明建设）的发展过程。党的十九大报告分析新时代的新形势、新问题，明确新时代中国特色社会主义事业的总体布局是"五位一体"，提出了分两步走，全面建成小康社会，建成富强、民主、文明、和谐、美丽的社会主义现代化强国的奋斗目标。报告同时指出，中国特色社会主义进入新时代"我国社会主要矛盾已经转化为人民日益增长的美好生活需要和不平衡不充分的发展之间的矛盾"；发展不平衡不充分的一些突出问题包括"民生领域还有不少短板，脱贫攻坚任务艰巨，城乡区域发展和收入分配差距依然较大，群众在就业、教育、医疗、居住、养老等方面面临不少难题；社会文明水平尚需提高；社会矛盾和问题交织叠加……"等问题，"要在继续推动发展的基础上，着力解决好发展不平衡不充分问题，大力提升发展质量和效益，更好满足人民在经济、政治、文化、社会、生态等方面日益增长的需要，更好推动人的全面发展、社会全面进步。"

国家整体如此，对于二元体制背景下集中体现改革开放和经济发展成果的城市而言，发展不平衡不充分的情况就更显突出。2017年末，我国城镇常住人口81347万人，城镇人口占总人口比重（城镇化率）达到58.52%，预计到2020年，城镇化率将达到60%。而与城市快速发展和人口聚集而伴生的是交通拥挤、环境污染、公共服务不足、社会稳定性差等问题，社会关系不断重构，社会矛盾和风险日益加剧。在城市管理方面，公共管理和社会管理水平已经成为衡量城市管理水平的重要维度，以人为本，立足民生已经成为城市管理者的基本共识，而多元主体参与城市社会治理，创新基层社会治理是保障城市可持续发展、全面建成小康社会的重要内容。

二 城市社会管理水平评价指标体系的构建

（一）城市社会管理水平指标体系总体框架

本研究为城市社会管理水平综合评价指标体系设置了三个要素，分别是投入与发展水平、服务与民生水平、公平与保障水平。

1. 投入与发展水平

社会领域的财力和人力的投入比重可以反映出城市管理者对于社会管理的重视程度，财力和人力投入多少将直接作用于社会管理的方方面面，影响到社会管理的整体水平。所谓"巧妇难为无米之炊"，充足的财力投入与专业技术人员培养是提升社会管理水平的基本保障要素。

随着我国经济体制改革、社会转型和政府职能转变，"大政府小社会"正在向"小政府大社会"转型，因此，一般公共服务支出占公共财政支出的比重一定程度上反映出了政府规模及其管理效率。教育一直以来都是作为基本公共服务和城市管理的重要内容，本研究选择公共财政支出中教育支出所占比重这一指标。随着单位体制的瓦解，城乡社区作为脱离"单位人"身份而回归"社区"这一基层单元人们的基本承载单元，社区服务、社区参与、社区治理和社区建设等词汇越来越频繁地出现在党和政府的发展战略与政策文件中，公共财政支出中城乡社区支出所占比重这一指标反映出城市管理者对于城乡社区发展的重视程度。卫生作为事关民生的重要服务领域，卫生从业人员尤其是卫生技术人员的规模及其比重可以反映出城市公共服务的水平；而随着贫富分化和社会冲突加剧，弱势群体和有需要的人群需要得到更好更多的照顾关怀，以缓解社会矛盾、维护和谐稳定的社会环境，因此社会工作及其专业人才发展需求越来越大。

2. 服务与民生水平

社会管理和治理的核心不是"管"或"治"，而是"服务"，寓服务于管理之中。衣食住行学医养等大众的基本生活需求，要实现"幼有所育，劳有所得，老有所养，弱有所扶，学有所教，病有所医，住有所居"，只有围绕民生需求，以问题为导向，为此提供充足、优质的服务，才能够使民众感受到生活水平与社会管理水平的提升。

恩格尔系数是食品支出总额占个人消费支出总额的比重，其主要内容是指一个家庭或个人收入越少，用于购买生存性的食物的支出在家庭或个人收入中所占的比重就越大，恩格尔系数通过揭示了食品支出与总消费支出之间的相关关系来衡量一个家庭生活水平或一个地区富裕程度的主要标准之一。无论是"居者有其屋"还是"住有所居"，住房都是居民基本生活需求，而且在城市特别是大型特大型城市中，住房是民众当前关注的重点问题，而与农村居民住房相比较，城镇居民住房问题尤显突出，所以本研究选择了城镇人均住房建筑面积这一指标。此外，本研究选择了每千人医疗卫生机构床位数和每万人中等职业学校在校学生数这两个指标来体现医疗、教育这两个公共服务和民生议题。

3. 公平与保障水平

改革开放近40年来，随着市场经济体制深化和经济快速发展，居民收入之间的差距逐渐拉大，贫富分化逐渐严重，同时地区之间和城乡之间的发展也不均衡，"不患寡而患不均"和"相对剥夺感"引发了普遍的社会公平议题，本研究选择了城乡收入比这一指标来反映城市社会公平状况。本研究通过社会保障和就业支出占公共财政支出比重这一指标来反映城市管理者对于城市就业保障、社会保障方面的努力和投入。此外，本研究通过城市低保标准增长情况来反映城市管理者对于弱势群体社会救助和保障的力度，社会保障与经济发展是否达到了同步发展；通过社会服务机构床位数来反映城市社会管理方面对于弱势群体的制度性安排和保障性服务水平。

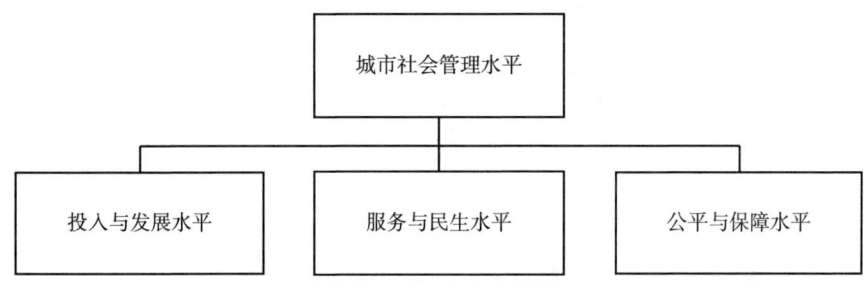

图 2-1　城市社会管理水平综合评价指标体系框架结构

城市社会管理水平综合评价指标体系一共包括了 13 个评价指标，具体指标见表 2-1。

表 2-1　城市社会管理水平综合评价指标体系

一级指标	二级指标	三级指标
城市社会管理（G）	投入与发展（G1）	一般公共服务支出比重（G11）
		卫生和社会工作从业人员比重（G12）
		教育支出比重（G13）
		城乡社区支出比重（G14）
	服务与民生（G2）	城镇恩格尔系数（G21）
		农村恩格尔系数（G22）
		城镇人均住房建筑面积（G23）
		每千人医疗卫生机构床位数（G24）
		每万人中等职业学校在校学生数（G25）
	公平与保障（G3）	城乡收入比（G31）
		社会保障和就业支出比重（G32）
		城市低保标准增长率（G33）
		每万人社会服务机构床位数（G34）

（二）各分项评价指标内涵与计算

1. 投入与发展水平指标

社会投入与发展水平指数由 4 个指标计算得出。各指标内涵及计算公式说明如下。

（1）一般公共服务支出比重（%）。用地方公共财政支出中一般公共服务支出所占比例来衡量。此指标为逆指标。

$$一般公共服务支出比重 = 一般公共服务支出 / 地方公共财政支出 \times 100\%$$

（2）卫生和社会工作从业人员比重（%）。用城镇单位从业人员中卫生和社会工作从业人员所占比例来衡量。此指标为正指标。

$$卫生和社会工作从业人员比重 = 卫生和社会工作从业人员数 / 城镇单位从业人员总数 \times 100\%$$

（3）教育支出比重（%）。用地方公共财政支出中教育支出所占比例来衡量。此指标为正指标。

$$教育支出比重 = 教育支出 / 地方公共财政支出 \times 100\%$$

（4）城乡社区支出比重（%）。用地方公共财政支出中城乡社区支出所占比例来衡量。此指标为正指标。

$$城乡社区支出比重 = 城乡社区支出 / 地方公共财政支出 \times 100\%$$

2. 服务与民生水平指标

服务与民生水平指数由 5 个指标计算得出。各指标内涵及计算公式说明如下。

（1）城镇恩格尔系数（%）。用城市中城镇居民家庭人均消费支出中食品烟酒消费支出所占比例来衡量。此指标为逆指标。

$$城镇恩格尔系数 = 城镇居民人均食品烟酒消费支出 / 城镇居民家庭人均消费支出 \times 100\%$$

（2）农村恩格尔系数（%）。用城市中农村居民家庭人均消费支出中食品烟酒消费支出所占比例来衡量。此指标为逆指标。

农村恩格尔系数 = 农村居民人均食品烟酒消费支出/农村居民家庭人均消费支出 × 100%

（3）城镇人均住房建筑面积（m^2）。用城镇人均住房建筑面积来衡量，人均住房使用面积按 0.75∶1 进行折算。此指标为正指标。

（4）每千人医疗卫生机构床位数（张）。用每千户籍人口人均拥有的医院、卫生院床位数来衡量。此指标为正指标。

每千人医疗卫生机构床位数 = 医院（卫生院）床位数/户籍人口数

（5）每万人中等职业学校在校生数（人）。用每万户籍人口中中等职业学校在校学生数来衡量。此指标为正指标。

每万人中等职业学校在校学生数 = 中等职业学校在校学生数/户籍人口数

3. 公平与保障水平指标

公平与保障水平指数由 4 个指标计算得出。各指标内涵及计算公式说明如下。

（1）城乡收入比。用城市中城镇居民人均可支配收入与农村居民人均可支配收入之比来衡量，农村居民人均可支配收入为 1。此指标为逆指标。

城乡收入比 = 城镇居民人均可支配收入/农村居民人均可支配收入

（2）社会保障和就业支出比重（%）。用地方公共财政支出中社会保障和就业支出所占比例来衡量。此指标为正指标。

社会保障和就业支出比重 = 社会保障和就业支出/地方公共财政支出 × 100%

（3）低保标准增长率（%）。用城市低保标准的年度增长情况来衡量。此指标为正指标。

低保标准增长率 = (2015 年城市低保标准 - 2014 年城市低保标准)/2014 年城市低保标准 × 100%

（4）每万人拥有社会服务机构床位数（张）。用每万户籍人口拥有的社会服务机构床位数来衡量。此指标为正指标。

每万人拥有社会服务机构床位数 = 社会服务机构床位数/户籍人口数

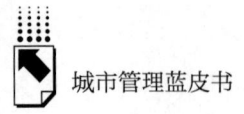

（三）评价城市和数据来源

本文选择 36 个重点城市进行城市社会管理水平评价和排名，其中包括 4 个直辖市、27 个省会城市和 5 个计划单列市。具体如表 2-2 所示。

表 2-2　36 个重点城市名称

分类	数量	城市
直辖市	4	北京、上海、天津、重庆
省会城市	27	石家庄、太原、呼和浩特、沈阳、长春、哈尔滨、南京、杭州、合肥、福州、南昌、济南、郑州、武汉、长沙、广州、南宁、海口、成都、贵阳、昆明、拉萨、西安、兰州、西宁、银川、乌鲁木齐
计划单列市	5	大连、青岛、宁波、厦门、深圳

根据国家图书馆所能查找到的纸质资料和网上数据库所能查到的电子资料，原始数据主要来自《中国统计年鉴 2016》、《中国城市统计年鉴 2016》、《省市年鉴（2016 年）》、各城市统计年鉴（2016 年出版），"2014~2015 年低保标准"、"社会服务机构床位数"数据来源于国家民政部网站数据。

三　36 个重点城市社会管理综合评价结果分析

社会管理指数包括投入与发展、服务与民生、公平与保障三个维度，投入与发展下设 4 个具体指标、服务与民生下设 5 个具体指标、公平与保障下设 4 个具体指标，共 13 个指标，经计算分析，得出 36 个重点城市社会管理综合指数的得分及其排序。

（一）社会管理综合指数得分排序

从整体上看，36 个城市社会管理总指数平均水平为 52.18 分，有 19 个城市得分高于平均水平；从排名上看，排在前五位的分别是杭州 65.85 分、北京 65.53 分、太原 64.96 分、南京 63.34 分、济南 60.25 分；排在后五位的分别是深圳 42.77 分、重庆 41.63 分、厦门 38.85 分、南昌 36.53 分、拉萨 31.24 分（见图 2-2）。

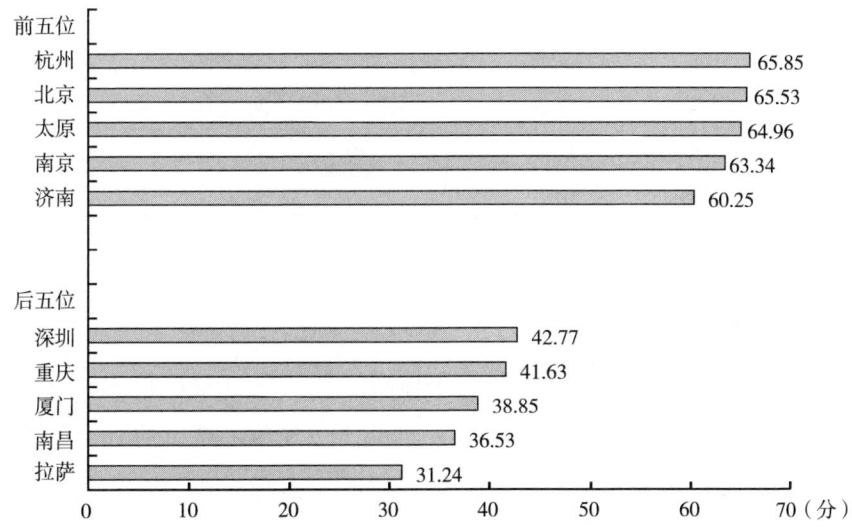

图 2-2　36 个城市社会管理总指数得分前、后五位排序

36 个重点城市社会管理总指数得分比较及排序，请见表 2-3。

表 2-3　36 个重点城市社会管理指数得分与排名

排名	城市	得分	排名	城市	得分
1	杭州	65.85	13	武汉	55.25
2	北京	65.53	14	哈尔滨	54.55
3	太原	64.96	15	大连	53.46
4	南京	63.34	16	西宁	53.36
5	济南	60.25	17	银川	53.25
6	上海	59.44	18	南宁	53.01
7	郑州	58.18	19	西安	52.74
8	长沙	57.09	20	海口	51.92
9	石家庄	56.85	21	长春	51.59
10	昆明	56.78	22	广州	51.21
11	沈阳	56.13	23	青岛	50.23
12	贵阳	56.01	24	乌鲁木齐	50.17

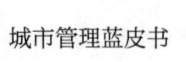

续表

排名	城市	得分	排名	城市	得分
25	宁波	48.98	32	深圳	42.77
26	福州	48.57	33	重庆	41.63
27	兰州	48.34	34	厦门	38.85
28	成都	48.12	35	南昌	36.53
29	呼和浩特	47.95	36	拉萨	31.24
30	天津	47.92	平均得分		52.18
31	合肥	46.48			

（二）社会管理总指数比较分析

城市社会管理综合评价指数结果体现了"人民日益增长的美好生活需要和不平衡不充分的发展之间的矛盾"这一现象。城市的社会管理水平与其经济发展水平并未形成正比关系。36个重点城市中社会管理水平评价指数最后十位城市，包含了经济较发达的成都、合肥、天津、深圳、厦门等城市；36个城市中人均地区生产总值第1位的深圳市其社会管理综合评价指数排第32位，相差31位；人均地区生产总值第7位的天津市其社会管理综合评价指数排第30位，相差23位；人均地区生产总值第12位的宁波市其社会管理综合评价指数排第25位，相差13位；人均地区生产总值第14位的厦门市其社会管理综合评价指数排第34位，相差20位；人均地区生产总值第19位的福州市其社会管理综合评价指数排第26位，相差7位。相反地，人均地区生产总值第26位的太原市其社会管理综合评价指数高居第3位，人均地区生产总值第28位的石家庄市其社会管理综合评价指数排第9位，人均地区生产总值第34位的昆明市其社会管理综合评价指数排第10位。这表明一方面，城市的社会管理水平存在与其经济发展水平不相匹配的情况，社会管理与经济管理未实现同步发展；另一方面，一些经济较发达城市的社会管理发展不充分，存在发展不平衡的问题。

四 36个城市社会管理投入与发展指数比较分析

在全面建成小康社会的进程中,公共服务和社会领域的财政投入是基本保障,而相关行业人力资源的投入既是一种前提保障,又能反映出社会管理的成果。

(一)投入与发展指数得分排序

社会管理投入与发展指数由一般公共服务支出占地方公共财政支出比例、教育支出占公共财政支出比例、城乡社区支出占公共财政支出比例、卫生和社会工作从业人员比例等4个指标构成。从整体上看,36个城市社会领域投入与发展指数得分平均水平为63.53分,有22个城市高于平均水平;从排名上看,排在前五位的分别是南宁76.31分、西宁76.27分、哈尔滨75.97分、青岛72.86分、石家庄72.84分;排名后五位的分别是宁波56.21分、重庆52.90分、厦门50.30分、深圳34.20分、拉萨20.14分(见图2-3)。36个城市社会管理投入与发展指数得分比较及排序,请见表2-4。

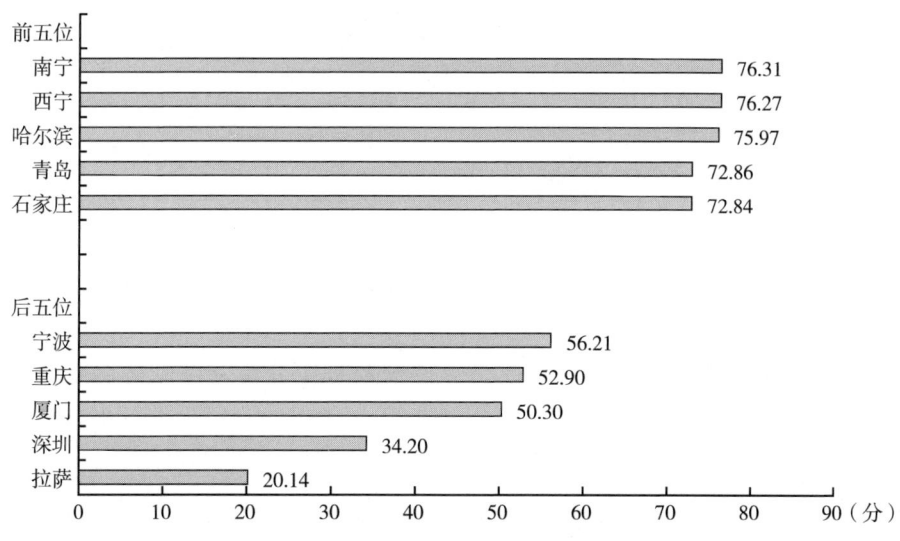

图2-3 36个城市社会管理投入与发展指数得分前、后五位排序

表2-4 36个城市社会管理投入与发展指数得分与排名

排名	城市	得分	排名	城市	得分
1	南宁	76.31	20	南京	64.00
2	西宁	76.27	21	广州	63.72
3	哈尔滨	75.97	22	北京	63.63
4	青岛	72.86	23	兰州	61.50
5	石家庄	72.84	24	上海	61.02
6	银川	72.45	25	呼和浩特	60.94
7	太原	72.38	26	武汉	60.06
8	海口	71.68	27	昆明	59.93
9	郑州	71.62	28	南昌	58.93
10	成都	70.44	29	大连	58.93
11	福州	70.05	30	乌鲁木齐	58.56
12	合肥	69.65	31	贵阳	56.94
13	天津	68.89	32	宁波	56.21
14	长沙	68.69	33	重庆	52.90
15	西安	68.41	34	厦门	50.30
16	长春	67.25	35	深圳	34.20
17	济南	67.04	36	拉萨	20.14
18	沈阳	66.97	平均得分		63.53
19	杭州	65.28			

（二）社会管理投入与发展指数分析

从36个城市社会管理总指数得分比较及排序分析，可以得出以下判断。

1. 大政府现象未扭转，财政负担重

2015年，全国中央和地方一般公共服务支出13547.79亿元，占公共财政支出的7.7%。作为逆指标，36个城市中，19个城市一般公共服务支出占公共财政支出比例低于全国水平，上海、深圳、北京位列前三；① 17 个城市高于全国水平，其中，拉萨一般公共服务支出占公共财政高达 25.64%，长沙 14.38%、贵阳 14.37%、兰州 13.69%、济南 11.49%，以中西部城市为主。

2. 城市教育投入仍显不足

2015 年，全国中央和地方教育支出 26271.88 亿元，占公共财政支出的 14.94%。36 个城市平均教育支出占地方公共财政支出比例为 15.25%，略高于全国水平，说明教育投入在主要城市中有所侧重；21 个城市的教育投入高于全国水平；15 个城市的教育投入低于全国水平，包括北京、上海两大直辖市，和西安这样教育资源比较丰富的城市，以及经济发达的深圳等城市，深圳排名倒数第一，教育投入占比仅为 8.19%。北京、上海、西安等教育资源丰富的城市，中央财政给予地方的教育投入比较大，一定程度上缓解了地方投入的压力；而深圳在经济高速发展多年之后，教育仍然是短板之一。

3. 城乡社区建设普受重视，蓬勃发展

2015 年，全国中央和地方城乡社区支出 15886.36 亿元，占公共财政支出约 9%。36 个城市中，除了乌鲁木齐（2.54%）、石家庄（8.19%）之外，其余 34 个城市城乡社区投入水平均高于全国水平，城乡社区地方投入最高的前 5 个城市分别是天津（28.53%）、银川（28.27%）、郑州（26.40%）、西安（25.40%）、太原（25.12%）。我国城镇化率不断提高，城乡社区建设普遍受到重视，正在蓬勃发展。在当前构建国家治理体系现代化的进程和加强创新社会治理过程中，重心在城乡社区，从中央到地方都将越来越多的资源、服务、管理放到基层，更好地为群众提供精准有效的服务和管理。

4. 卫生和社会工作发展远不能满足社会服务和民生需要

截至 2015 年底，全国城镇单位就业人员（年底数）18062.5 万人，

---

① 一般公共服务支出主要用于保障机关事业单位正常运转，支持各机关单位履行职能，保障各机关部门的项目支出需要，以及支持地方落实自主择业军转干部退役金等。

其中卫生和社会工作从业人员841.6万人，卫生和社会工作从业人员占比4.66%。统计结果显示，36个重点城市中，只有13个城市的卫生和社会工作从业人员比例超过全国平均水平，而东部较发达地区城市这一比例几乎都低于全国这一比例。从每千人卫生技术人员数据来看，以4个直辖市为例，2015年北京、天津、上海和重庆每千人卫生技术人员分别为10.4、5.9、7、5.5，全国数据为5.8；从城市地区每千人卫生技术人员数据来看，全国城市每千人卫生技术人员为10.2，而京津沪渝的城市地区每千人卫生技术人员分别为17、9.5、12、6.6；整体数据上，重庆低于全国水平，天津刚刚才够上全国水平，城市地区数据上，天津和重庆则均低于全国水平。[1] 由此可以看出，36个重点城市的卫生从业人员，特别是卫生技术人员发展不足，这从一个侧面说明作为公共服务重要部分的卫生服务，36个城市在这方面的投入不足，而卫生服务关乎"民生"，在全面建成小康社会的攻坚阶段还需大力加强卫生领域投入。

2015年，全国社会服务领域职工人数1309.0万人，其中社会工作职工282.1万人。截止到2015年底，全国累计社会工作师51722人，助理社会工作师154461人，合计206183人，持证社工仅占社会工作职工总数的7.3%，其中，京津沪渝4个城市拥有持证社会工作者（含助理社会工作师和社会工作师）分别是20723、4754、9412、6931人。社会工作从业人员数量不足，特别是拥有专业职业资质的初、中级社会工作师占比仍较小，远不能满足当前社会服务、社会建设和社会治理的需求。[2]

---

[1] 详见《中国统计年鉴2016》。
[2] 按照《中国统计年鉴2016》统计口径，社会工作职工数包括提供住宿的社会服务机构和不提供住宿的社会服务机构，不包括成员组织和其他社会服务（成员组织包括：社会团体、基金会、民办非企业等社会组织，居委会和村委会等自治组织；其他社会服务包括：婚姻服务机构和殡葬服务机构）、其他事业单位。

五 36个城市社会服务与民生指数比较分析

社会服务与民生指数由城镇恩格尔系数、农村恩格尔系数、城镇人均住房建筑面积、每千人医院（卫生院）床位数、每万人中等职业学校学生数等5个指标构成。

（一）社会服务与民生指数得分排序

36个城市社会服务与民生指数得分平均水平为52.6分，有16个城市高于平均分。从排名上看，排在前五位的分别是太原86.58分、北京71.56分、昆明70.92分、济南69.75分、郑州68.93分；排在后五位的分别是南昌36.47分、合肥35.71分、天津33.75分、重庆28.52分、拉萨18.45分（见图2-4）。36个城市社会服务与民生指数得分比较及排序，请见表2-5。

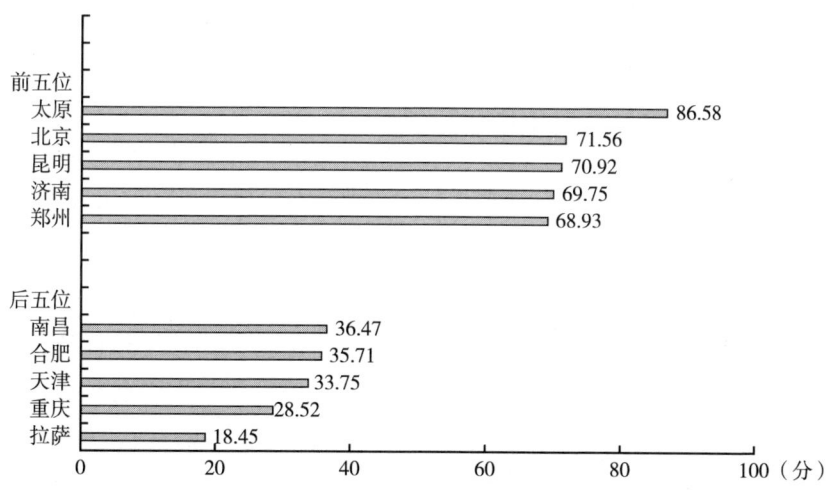

图2-4 36个城市社会服务与民生指数得分前、后五位排序

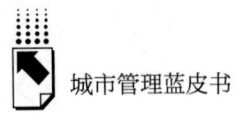
城市管理蓝皮书

表2-5　36个城市社会服务与民生指数得分与排名

排名	城市	得分	排名	城市	得分
1	太原	86.58	20	南宁	48.36
2	北京	71.56	21	广州	47.83
3	昆明	70.92	22	兰州	47.37
4	济南	69.75	23	大连	47.37
5	郑州	68.93	24	海口	46.68
6	长沙	68.85	25	青岛	43.89
7	南京	64.51	26	深圳	42.98
8	杭州	64.03	27	成都	41.63
9	贵阳	64.01	28	哈尔滨	40.61
10	石家庄	63.82	29	宁波	39.33
11	上海	62.45	30	福州	38.06
12	银川	61.46	31	厦门	37.93
13	乌鲁木齐	60.29	32	南昌	36.47
14	武汉	56.66	33	合肥	35.71
15	西宁	56.38	34	天津	33.75
16	西安	53.96	35	重庆	28.52
17	长春	52.37	36	拉萨	18.45
18	沈阳	51.53	平均得分		52.6
19	呼和浩特	51.27			

（二）社会服务与民生指数分析

从36个城市社会管理总指数得分比较及排序分析，可以得出以下判断。

1. 民生与经济尚未达到同步发展

36个城市社会服务与民生指数最高分太原86.58，最低分拉萨18.45，相差接近70分，差距较大。包含的五大指标中，太原有4个指标数据都居前五名之内，昆明有3个指标数据居前五名之内，北京、济南、郑州、海口有2个指标数据居前五名之内；同时，北京、海口分别有1、2个指标数据居后五名之内，拉萨、宁波和深圳有2个指标数据居后五名之内，而重庆有3个指标数据居后五名之内。除此之外，居民生活水平的城乡恩格尔系数、城镇居民住房建筑面积、每千人医院（卫生院）床位数、每万人中等职业学校在校生数这五个指标在东西部之间、特大型与大中型城市之间、发达地区与欠发达地区之间并没有呈现出显著差异，这说明社会服务与民生发展与城市的 GDP、经济发展速度、人口规模等没有呈现明显正比关系，反而出现了一些与"想当然"情况大相径庭的结果。这显示，各城市在社会服务和民生服务发展方面参差不齐，民生与经济并未实现同步发展。

2. 城乡居民生活水平普遍达到小康水平，但仍存在较大差距

2015 年，全国城市居民人均消费支出 21392.4 元/月，其中食品烟酒支出 6359.7 元/月，城市恩格尔系数为（食品烟酒消费支出占比）29.7；全国农村居民人均消费支出 9222.6 元/月，其中食品烟酒支出 3048.0 元/月，农村恩格尔系数为 33.1。[①] 以恩格尔系数作为反映居民生活水平富裕程度的依据，36 个城市中有半数城市的城镇恩格尔系数低于全国平均值，城镇居民生活水平高于全国水平；22 个城市的农村恩格尔系数低于全国平均值，农村居民生活水平高于全国水平，14 个城市的农村居民生活水平低于全国水平。其中，拉萨、南昌、海口、重庆、广州、哈尔滨、成都、厦门、福州、合肥、兰州等 11 个城市，其城镇、农村恩格尔系数均高于全国平均值，其城镇、农村居民生活水平都低于全国水平，拉萨市城镇、农村居民生活水平最差，恩格尔系数分别为 38.91、44.46。城镇居民生活水平最高的 5 个城市依次为北京、太原、长春、济南、石家庄；农村居民生活水平最高的 5 个城市依次为郑州、长沙、太原、昆明、北京。北京市城镇恩格尔系数排第 1 位（22.08），农村恩格尔系数（27.65）排第 5 位。

根据联合国粮农组织提出的标准，恩格尔系数在 59% 以上为贫困，50%~59% 为温饱，40%~50% 为小康，30%~40% 为富裕，低于 30% 为最富裕。36 个城市中城镇居民全部达到了富裕和最富裕生活水平，19 个城市达到最富裕水平，17 个城市达到富裕水平；36 个城市中农村居民全部达

[①] 2015 年，全国城市居民人均消费支出 21392.4 元/月，其中食品烟酒支出 6359.7 元/月，全国农村居民人均消费支出 9222.6 元/月，其中食品烟酒支出 3048.0 元/月。(《中国统计年鉴 2016》)

到小康水平，11个城市的农村居民达到最富裕水平，21个城市的农村居民达到富裕水平，拉萨、海口、重庆和南昌等4个城市的农村居民达到小康水平。

3. 城镇居民住房水平达到中等收入国家水平，但城市间差距较大

2015年，全国城镇人均住房建筑面积达到33平方米以上，农村人均住房面积达到37平方米以上。① 按照国家统计局数据，2016年全国居民人均住房建筑面积为40.8平方米，其中城镇居民人均住房建筑面积为36.6平方米，农村居民人均住房建筑面积为45.8平方米。② 按照国际标准来看，我国城镇居民人均居住面积达到中等收入国家水平，而农村居民人均居住面积达到中高等收入国家水平。③ 但是，统计结果显示，36个重点城市2015年城镇居民住房建筑面积平均值为34.24平方米，36个重点城市居民住房面积达到全国平均水平，也达到了中等收入国家水平。

其中，36个城市间差距较大，城镇居民人均住房建筑面积最少的两个城市深圳、天津刚刚达到20平方米，分别为20.60、20.69平方米；而南京、昆明、福州和济南的城镇居民人均住房建筑面积均超过40平方米，分别为40.90、42.00、42.54、44.90平方米，约是深圳和天津该数据的两倍。

4. 医疗卫生发展不足，城市间发展不均衡

《中国统计年鉴2016》显示，2015年，全国每千人口医疗卫生机构床位数为5.11张，其中城市地区每千人口医疗卫生机构床位数为8.27张，农

---

① 国务院新闻办公室，《发展权：中国的理念、实践与贡献》白皮书，2016年12月1日。
② 此数据一经发布，引起了网络上"被平均了"或"拖了后腿"等广泛讨论，国家统计局中国经济景气监测中心副主任潘建成表示，"目前发布的40.8平方米的平均数是那种算术的平均数，而人们一般感觉上更能接受的是中位数，中位数和平均数是两个不同的代表平均水平的数据；当一组数据的差距特别大，尤其是特别高的那部分数据比较多的时候，中位数和平均数的差距就会拉大，但不是'被平均'这个概念，只不过说，你要如何去理解。"（http://money.163.com/17/0710/17/CP0I74SP002581PP.html#from=keyscan）
③ 根据联合国国际统计资料，关于住房水平的一般国际经验是：中等收入国家的人均居住面积约为20平方米，中高收入国家在29平方米左右，高收入国家约为31平方米，仅有少数最发达国家在40平方米以上。经验表明，当居民收入达到一定水平后，对住房面积的需求不会再有明显的提升。如按照1∶0.75的折算率，中、中高、高等收入国家人均住房建筑面积约为26.67、38.67、41.33平方米。

村地区为3.71张。统计结果显示，尽管倚重资源聚集优势，36个重点城市每千人口拥有医院、卫生院床位数平均值为6.21张，高于全国总体水平，但仍低于全国城市地区的床位数平均值；其中，仍然有包括重庆在内的10个城市每千人口床位数低于全国总体水平，医疗卫生设施及其服务供给不足情况突出，这表明，重要城市尚且如此，更不必提其他地区的医疗卫生供给情况了，缓解就医难问题任重而道远。此外，卫生医疗资源在城市之间发展不均衡。每千人拥有医疗机构床位数最少的五个城市是福州、宁波、青岛、重庆、南宁，分别为3.00、3.32、3.49、3.56、3.77张，每千人拥有医疗卫生机构床位数最多的五个城市是海口、广州、太原、深圳、乌鲁木齐，分别为8.78、8.80、8.81、8.88、9.54张，最高与最低数值相差3倍之多。

5. 东部地区中等职业教育发展规模不足

2015年，36个重点城市每万人中等职业学校在校生平均数为191.99人，24个城市低于平均数，12个城市高于平均数。每万人中等职业学校在校生最多的五个城市是昆明、郑州、太原、贵阳、海口，分别为318.47、343.54、348.15、390.20、464.48人；最少的五个城市是长春、上海、南京、北京、深圳，每万人中等职业学校在校生分别为57.03、82.95、83.85、99.86、107.45人。最多的城市比最少的城市拥有在校中等职业学校在校生数超过8倍，城市间差距很大；相对而言，中西部城市中等职业教育规模较大，而东部发达地区城市中等职业教育规模较小。

六 36个城市社会公平与保障指数比较分析

社会公平与保障指数包括城乡居民收入比、社会保障和就业支出占地方公共财政支出比例、城市低保标准年度增长情况和每万人社会服务机构床位数等4个指标。

（一）社会公平与保障指数得分排序

36个城市社会公平与保障指数得分平均水平为43.31分，有16个城市高于平均分。从排名上看，排在前五位的分别是杭州 68.57 分、南京 61.34 分、北京 59.44 分、大连 56.78 分、拉萨 56.13 分；排在后五位的分别是西宁 31.36 分、厦门 30.90 分、乌鲁木齐 30.76 分、银川 27.65 分、南昌 18.80 分（见图 2-5）。36 个城市社会公平与保障指数得分比较及排序，请见表 2-6。

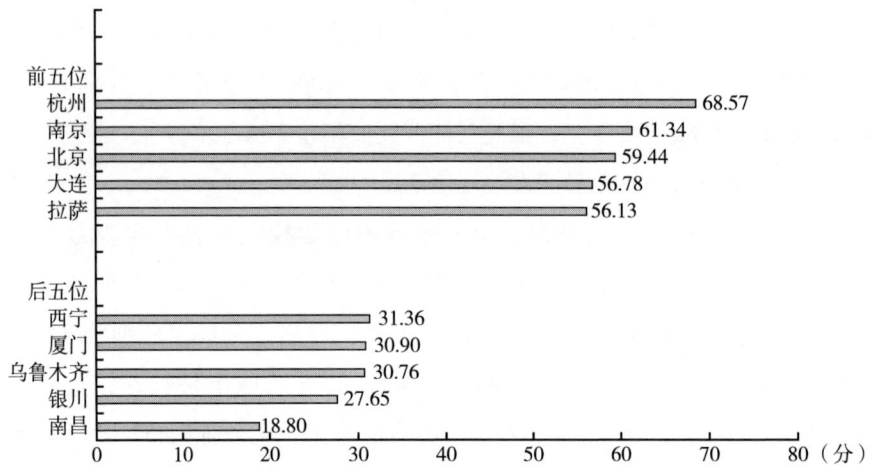

图 2-5　36 个城市社会公平与保障指数得分前、后五位排序

表 2-6　36 个城市社会公平与保障指数得分与排名

排名	城市	得分	排名	城市	得分
1	杭　州	68.57	9	沈　阳	53.31
2	南　京	61.34	10	武　汉	49.62
3	北　京	59.44	11	深　圳	49.30
4	大　连	56.78	12	重　庆	49.19
5	拉　萨	56.13	13	天　津	49.11
6	宁　波	55.39	14	广　州	45.51
7	哈尔滨	55.08	15	贵　阳	45.17
8	上　海	54.37	16	福　州	44.74

续表

排名	城市	得分	排名	城市	得分
17	济 南	42.88	28	郑 州	33.95
18	海 口	42.82	29	呼和浩特	33.46
19	合 肥	41.66	30	长 沙	33.08
20	南 宁	40.34	31	太 原	31.81
21	青 岛	40.23	32	西 宁	31.36
22	兰 州	39.09	33	厦 门	30.90
23	西 安	38.76	34	乌鲁木齐	30.76
24	成 都	38.55	35	银 川	27.65
25	长 春	38.16	36	南 昌	18.80
26	昆 明	36.45		平均得分	43.31
27	石家庄	35.35			

（二）社会公平与保障指数比较分析

1. 东西部地区社会公平与保障水平仍有较大差距

整体来看，36个城市中，东部城市社会公平与保障指数得分较高，中西部城市社会公平与保障指数得分较低。社会保障水平与城市经济发展和地方财政实力密切相关，因此，反映社会保障水平的社会保障和就业支出情况、城市低保标准年度增长情况、每万人社会服务机构床位情况等3个指标，在经济较发达城市的整体情况良好，在经济欠发达城市的整体情况较差。同样，从反映社会公平水平的城乡居民收入差距这个指标来看，情况相似，经济较发达城市的城乡一体化进程推进较好，城镇居民和农村居民之间的收入差距要小一些，而经济欠发达地区农村发展基础薄弱、资源不足，城乡一体化推进相对滞后，城镇与农村居民之间的收入差距就要大一些。

2. 城市社会公平问题显著

城市社会公平水平以城乡居民收入比这一指标进行反映。数据统计结果，除深圳市早已消除了城乡差异之外，其城乡收入比为1∶1，城乡居民收入差距较小，排名前5位的城市还有长沙、宁波、郑州和天津，相对应的城乡收入比（农村居民人均支配收入=1）分别是长沙1.69∶1、宁波1.81∶1、郑州1.82∶1、天津1.85∶1；而城乡收入差距较大，排名后五位的城市分别是南宁3.09∶1、昆明2.97∶1、西宁2.85∶1、兰州2.82∶1、济南2.80∶1。2015年我国全国城乡居民收入比2.73∶1，数据显示，包括上述5个城市，还有呼和浩特共6个城市的城乡居民收入比高于全国数据，其中，南宁市的城镇居民家庭人均可支配收入29106元，农村居民家庭人均可支配收入9408元，城乡收入差距高达3.09∶1，而我国从2014年开始，全国城镇和农村居民的收入水平差距就已经降至"3"倍以下。这说明，城乡居民收入差距问题不仅仅反映在城市地区与农村地区之间，在我国城市中的城镇居民与农村居民中反映更为显著。

3. 东北地区城市社会保障和就业支出较大

2015年，全国中央和地方财政支出情况，社会保障和就业支出占公共财政支出的10.81%，[①] 全国36个城市中，有18个城市的社会保障和就业支出低于全国水平，另一半城市社会保障和就业支出高于全国水平。其中，深圳最低，社会保障与就业支出仅占公共财政支出的2.40%，不足全国水平的1/4，其次是贵阳6.88%、郑州7.04%、成都7.16%、厦门7.19%；社会保障和就业支出较高的城市中，东北地区城市沈阳、大连、哈尔滨、长春分列第1、第2、第3、第6位，其社会保障和就业支出占城市公共财政支出比例分别是沈阳21.17%、大连19.42%、哈尔滨18.61%、长春13.80%，排在第4位武汉15.25%、第5位重庆15.02%。

4. 城市低保救助水平参差不齐

2015年全国城市低保平均标准451.1元/人·月，比上年增长9.5%。[②]从城市低保标准的绝对值来看，2015年，36个城市中，32个城市的低保标准均高于全国平均水平，深圳、上海、北京、南京、天津等相对经济发达、社

[①] 2015年，全国中央和地方财政一般公共预算支出175877.77亿元，其中社会保障和就业支出19018.69亿元。(《中国统计年鉴2016》)

[②] 截至2015年底，全国有城市低保对象957.4万户、1701.1万人。全年各级财政共支出城市低保资金719.3亿元。2015年全国城市低保平均标准451.1元/人·月，比上年增长9.5%；全国城市低保月人均补助水平316.6元，比上年增长10.9%。(《2015年社会服务发展公报》)

会平均工资较高城市的低保平均标准相应地也较高；而经济欠发达、社会平均工资较低的中部、西部地区城市的低保平均标准较低一些，其中乌鲁木齐、银川、重庆、长沙等4个城市的低保标准甚至低于全国城市低保平均标准。

从城市低保标准的年度增长情况来看，全国36个城市中，17个城市低保标准年度增长率低于全国平均水平，19个城市低保标准年度增长率高于全国平均水平。其中，增长率不足全国平均水平1/2的城市有7个，南昌市负增长，增长率为－7.54%，石家庄、长沙零增长，呼和浩特仅2.87%、武汉3.35%、青岛3.47%、乌鲁木齐4.17%；增长率超过平均水平2倍以上的有6个城市，分别是深圳、拉萨、南宁、福州、贵阳和海口，城市低保标准年度增长率分别为29.03%、28.06%、26.13%、23.32%、20.70%、19.54%。随着城市经济社会的快速发展，地区GDP、地方财政保持稳定增长的情况下，城市针对困难群体的社会救助水平理应提高，但仍有一些城市在低保社会救助方面投入力度不足。

5. 中西部城市社会工作服务开展不足

截至2015年底，全国各类办理了注册登记手续的提供住宿的社会服务机构3.1万个，床位393.2万张，全国平均每万人拥有社会服务机构床位数是28.60张。[①] 36个城市中，太原、银川、南昌、南宁、海口、长春、深圳等7个城市每万人社会服务机构床位数低于全国平均水平，主要以中西部城市和经济欠发达城市的这一数据普遍较低；北京、南京、杭州、上海、宁波等经济较发达地区城市这一数据普遍较高，这5个城市每万人拥有社会服务机构床位数均超过90张，远超过全国平均水平。这表明，我国各类社会服务机构主要集中在大城市内，经济较发达东部地区城市的社会工作、社会服务发展状况好于经济欠发达中西部地区城市，中西部城市对于弱势群体的社会工作专业服务开展、社会服务机构和设施的建设明显不足。

---

① 提供住宿的社会服务机构包括提供住宿的养老服务机构、提供住宿的精神卫生服务机构、提供住宿的儿童服务和保护服务机构、其他提供住宿的社会服务机构。（《2015年社会服务发展公报》）

附录 中国36个重点城市社会管理水平评价指标原始数据

城市	一般公共服务支出占地方公共财政支出比重(%)	卫生和社会工作从业人员占比(%)	教育支出占地方公共财政支出比重(%)	城乡社区支出占公共财政支出比重(%)	城镇恩格尔系数(%)	农村恩格尔系数(%)	城镇人均住房建筑面积(市辖区)(平方米)	每千人医院、卫生院床位数(张)	每万人中等职业学校学生数(人)	城乡收入比(农村居民人均可支配收入=1)	社会保障和就业支出占地方公共财政支出比重(%)	城市低保标准年度增长率(%)	每万人社会服务机构床位数(张)
指标性质	逆	正	正	正	逆	逆	正	正	正	逆	正	正	正
综合权重	0.0650	0.0650	0.0650	0.0650	0.1361	0.0770	0.0770	0.0770	0.0453	0.0573	0.0807	0.0948	0.0948
北京	5.23	3.55	14.91	17.35	22.08	27.65	31.69	7.78	99.86	2.57	12.21	9.23	108.55
天津	5.52	2.19	15.70	28.53	32.21	33.10	20.69	6.09	110.10	1.85	9.74	10.16	65.28
石家庄	8.60	5.79	19.95	8.19	24.56	28.28	38.00	4.90	139.06	2.46	8.62	0.00	67.96
太原	5.79	3.99	14.78	25.12	23.20	25.46	39.00	8.81	348.15	2.03	12.13	5.31	18.15
呼和浩特	6.81	4.20	13.66	15.84	29.61	32.84	34.24	6.08	176.47	2.77	10.67	2.87	54.66
沈阳	9.40	6.08	13.31	16.21	29.61	32.84	31.90	7.28	125.57	2.72	21.17	13.07	47.10
大连	7.00	4.11	12.01	18.10	28.14	29.85	29.10	4.68	119.12	2.45	19.42	8.65	68.98
长春	9.65	4.69	13.94	22.67	23.87	32.84	29.39	4.96	57.03	2.48	13.80	11.85	26.74
哈尔滨	5.48	5.41	15.11	20.34	32.70	38.60	39.50	5.54	107.59	2.32	18.61	16.34	44.58
上海	4.20	2.97	12.39	18.96	25.10	35.04	35.50	8.14	82.95	2.28	8.77	11.27	94.20
南京	7.97	2.97	17.04	19.38	25.95	30.13	40.90	6.43	83.85	2.37	11.07	12.33	106.27

续表

指标 城市	一般公共服务支出占地方公共财政支出比重(%)	卫生和社会工作从业人员占比(%)	教育支出占地方公共财政支出比重(%)	城乡社区支出占地方公共财政支出比重(%)	城镇恩格尔系数(%)	农村恩格尔系数(%)	城镇人均住房建筑面积(市辖区)(平方米)	每千人医院、卫生院床位数(张)	每万人中等职业学校学生数(人)	城乡收入比(农村居民人均可支配收入=1)	社会保障和就业支出占地方公共财政支出比重(%)	城市低保标准年度增长率(%)	每万人社会服务机构床位数(张)
杭州	8.39	3.88	18.54	13.16	27.12	27.71	35.50	7.15	147.57	1.88	10.87	17.74	103.47
宁波	8.47	3.71	15.22	12.05	28.07	34.34	28.85	3.32	117.68	1.81	9.74	6.88	91.95
合肥	6.72	3.48	15.44	24.61	33.17	36.71	35.30	4.21	156.70	2.03	8.46	10.19	51.89
福州	6.67	3.41	18.62	18.30	32.55	37.58	42.54	3.00	149.80	2.30	8.97	23.32	34.01
厦门	7.33	1.92	15.64	12.94	32.53	37.88	28.43	6.34	202.07	2.43	7.19	9.09	36.65
南昌	8.19	3.13	15.73	16.44	31.93	40.17	35.08	4.09	230.32	2.33	11.37	-7.54	20.23
济南	11.49	4.80	17.68	15.84	24.40	32.30	44.90	6.00	169.52	2.80	12.07	8.21	65.95
青岛	10.38	4.13	19.14	20.82	30.16	30.93	34.28	3.49	152.13	2.41	8.61	3.47	73.35
郑州	7.69	4.64	13.35	26.40	29.16	23.85	36.84	6.83	343.54	1.82	7.04	8.77	31.63
武汉	9.20	4.20	13.77	17.58	31.53	31.90	37.52	7.31	261.53	2.06	15.25	3.35	66.63
长沙	14.38	5.23	15.62	23.37	26.01	25.28	38.79	6.40	149.04	1.69	7.35	0.00	45.93
广州	7.19	3.84	16.62	14.53	32.85	39.42	32.17	8.80	277.61	2.42	11.86	8.33	64.77
深圳	5.12	1.30	8.19	13.22	32.00	32.00	20.60	8.88	107.45	1.00	2.40	29.03	27.09
南宁	5.28	6.08	17.54	11.58	29.61	32.84	34.09	3.77	317.62	3.09	10.85	26.13	26.30
海口	10.14	5.26	19.72	12.12	34.89	40.02	30.10	8.78	464.48	2.45	12.57	19.54	26.54
重庆	7.12	2.33	14.14	16.56	33.60	40.00	34.00	3.56	137.32	2.59	15.02	13.59	54.75
成都	10.44	5.24	15.55	20.52	34.08	38.44	39.44	6.04	189.20	1.89	7.16	9.37	45.88

续表

指标 城市	一般公共服务支出占地方公共财政支出比重(%)	卫生和社会工作从业人员占比(%)	教育支出占地方公共财政支出比重(%)	城乡社区支出占地方公共财政支出比重(%)	城镇恩格尔系数(%)	农村恩格尔系数(%)	城镇人均住房建筑面积(市辖区)(平方米)	每千人医院、卫生院床位数(张)	每万人中等职业学校学生数(人)	城乡收入比(农村居民人均可支配收入=1)	社会保障和就业支出占地方公共财政支出比重(%)	城市低保标准年度增长率(%)	每万人社会服务机构床位数(张)
贵阳	14.37	3.91	19.59	9.26	30.78	28.87	34.28	8.06	390.20	2.29	6.88	20.70	50.14
昆明	10.06	5.08	15.06	11.05	27.59	26.96	42.00	6.29	318.47	2.97	11.84	12.51	40.62
拉萨	25.64	3.53	8.80	10.49	38.91	44.46	34.24	5.20	120.27	2.59	13.43	28.06	47.20
西安	6.19	4.03	12.91	25.40	29.59	28.18	32.10	5.91	198.00	2.36	10.36	14.47	33.10
兰州	13.69	4.35	19.51	11.05	31.15	34.27	35.00	5.94	185.82	2.82	9.50	10.01	60.72
西宁	5.99	6.28	14.57	17.92	29.77	31.23	34.75	7.13	198.03	2.85	12.25	5.67	36.79
银川	5.33	5.50	9.57	28.27	27.02	29.35	30.90	6.97	249.62	2.54	8.85	10.14	20.00
乌鲁木齐	6.89	5.40	15.77	2.54	30.37	30.97	31.08	9.54	227.76	2.11	9.15	4.17	31.99

B.3 中国重点城市经济管理评价报告

胡雅芬[*]

摘　要： 在界定城市经济管理水平内涵的基础上，以可测、权威和透明为原则，建立了涵盖决策规划水平、经济调节水平、市场监管水平和政府基础财力水平4个分项指标的中国城市经济管理水平的评价指标体系。考虑到数据的可获得性和评价标准的相对统一和完整，本文选择了包括4个直辖市、27个省会城市和5个计划单列市的全国36个重点城市进行了2015年城市经济管理水平评价。评价结果显示，东部地区的一线城市的城市经济管理水平最高，中部地区的城市经济管理水平稍弱，但一些分项指标的得分超过部分东部城市，西部地区城市经济管理水平整体较低，东北地区城市经济管理水平滑坡明显。

关键词： 城市管理　经济管理　综合评价

一　城市经济管理水平的内涵及研究意义

自20世纪90年代以来，在经济全球化的推动下，世界各国越来越重视城市政府的管理水平问题。无论是发达国家，还是发展中国家都把城市政

---

[*] 胡雅芬，北京城市学院副教授，管理学博士，研究方向：城市经济管理。本文为2016年北京市社会科学基金研究基地项目资金资助研究成果，批准号为17JDGLB022。

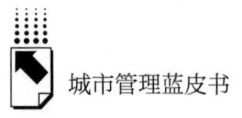

府管理水平作为促进经济和社会发展的核心。1997年，世界银行在其发表的《变革世界中的政府——1997年世界发展报告》开宗明义地指出："在世界各地，城市政府已经成为人们注目的中心。经济全球化具有深远意义的发展使我们再次思考关于政府的一些基本问题：它的作用应该是什么，它能做些什么和不能做什么？"而城市政府管理的水平，包括经济管理水平、社会管理水平、环境管理水平等，而且在不同时期，其核心内容是不同的。当前，全球化的考验首先是对各国乃至城市经济发展实力的考验，同时城市政府的核心职能是推动社会进步，而社会进步最基本、最关键的前提是经济发展。因此，笔者认为，城市政府经济管理水平是当前城市管理水平的核心内容，是城市政府的核心衡量。本文所指的城市经济管理水平，是指一个城市政府引领、促进本辖区经济实现良性、健康发展的能力及水平，是对其辖区的经济活动进行规划、协调和调控服务的能力，或者是指城市政府制定经济政策，并持续有效执行其政策的能力和水平。简言之，就是实现经济发展目标，履行其自身经济职能的能力，是实现其自身职能的潜在与现实能力。城市政府在宪法授权和法律规定的范围内，为实现其经济发展目标，运用已有资源提供公共产品和服务，实现有效经济管理，它包括决策规划水平、宏观调控水平、市场监管水平和政府财力水平等四个方面。

城市经济管理水平问题在实践中日渐重要，但理论研究却相对滞后。从国内外经济发展的大背景和现实，对城市政府经济管理水平开展深入、系统的研究非常必要，研究这一问题具有很强的理论及现实意义。

（一）提高城市经济管理水平是我国改革开放进入新阶段的客观需要

我国经济不断发展的过程也是城市经济管理水平逐步提高的过程。改革开放前，我国的经济管理体制实行的是高度集中的计划管理体制，城市政府对经济的管理是以官本位作为基本理念的。因此，城市经济管理主要被高度集中的、带有强制性的权力所替代。在实践中，城市政府凭借行政命令对经济活动直接干预，经济政策变动较多、经济管理行为不规范。改革开放后，随着市场经济的发展、市场经济体制的完善和政府职能的转变，我国城市经济管理水平开始步入规范、提升的新阶段。尤其是党的十八大和十八届三中全会，对进一步转变政府职能，深化行政体制改革，建设职能科学、结构优化、廉洁高效、人民满意的服务型政府，提出了明确的要求。

（二）提高城市政府经济管理水平是应对经济全球化新挑战的必然选择

在经济全球化步伐日益加快的背景下，城市经济管理在许多方面都日益呈现出趋同化。无论哪个国家和政府，只要参与到国际竞争的行列中，因相互开放和交流，就不得不面对同样的问题和挑战，从而加入共同的国际组织中，使得各国、各地区政府在履行经济管理职能的时候，都做出相同的承诺，遵守相同的规则，履行相同的职能。一个城市政府的经济管理水平越强，履行职能就越彻底，对经济持续协调健康发展所起的作用也就越大；反之，管理水平越弱，履行职能就越困难，对经济持续协调健康发展所起的引领作用也就越小。

（三）提高城市政府经济管理水平是赶超经济发达国家的重要举措

环顾全球一些经济持续较快发展、社会转型较为成功的国家和地区，不难发现，强有力的政府是发展中国家赶超发达国家的关键力量。虽然在经济全球化的大背景下发展中国家在国际经济事务中所起的作用有所削弱，但这并不能说明发展中国家对本国经济发展所起的引领和推动作用减少了，相反，经济全球化条件下，对发展中国家政府经济管理水平提出了更高的要求。这是因为：一方面，发展中国家不得不接受由经济发达国家主导的国际规则，本身遭受了很大冲击，需要一个具有较高经济管理水平的政府对其进行有效保护；另一方面，一般情况下，在转轨国家市场失灵的问题也比较突出，政府弥补市场不足、纠正市场失灵、维护市场秩序的责任更加重大。因

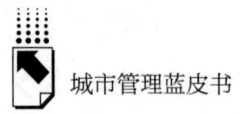

此,一个具有较高经济管理水平的政府是我国这样的发展中国家实现赶超的根本保证,它不仅可以很好地借鉴发达市场经济国家政府培育市场的成熟经验,而且还可以吸收发达国家以往的经验教训并趋利避害,制定符合本国实际的制度规则,创造有利经济发展的环境,培育有自身特色的市场体制,从而找到有利于本国经济持续稳定发展的模式。

（四）实现城市经济的持续发展是实现中国梦的现实基础

习近平总书记在谈到实现"两个一百年"梦想时指出,要继续把发展作为第一要务,坚持以经济建设为中心,推动国家经济社会的发展。经济的持续繁荣才能确保社会的稳定,北京大学厉以宁教授认为：中国经济应该维持在最低6%的增长速度,也就是经济增长底线是6%,否则就会出现失业、社会不稳定等诸多社会问题。由此可见,实现经济的繁荣发展很重要,是实现政治稳定、社会发展和人民幸福的前提和基础。

纵观近十年来,我们国家的经济建设取得了很大成就,有效应对国际金融危机的严重冲击,保持了经济平稳较快发展。国家经济总量跃居世界第二,社会生产力、经济实力、科技实力都迈上了新的台阶,人民生活水平、居民收入水平、社会保障水平明显提高,国家的综合国力、国际竞争力、国际影响力显著增强,这一切都为实现中国梦打下了坚实的基础。

同时,我们也必须清楚地看到当前中国社会经济发展仍然面临着诸多考验,例如,发展中不平衡、不协调、不可持续问题依然突出；财政收入增速放缓和政府刚性支出增加的矛盾凸显；经济发展与资源环境的矛盾日趋尖锐；城乡区域发展差距和居民收入分配差距依然较大；社会保障、医疗、住房、居住环境等关系群众切身利益的问题依然存在,这些矛盾和问题的解决都需要依靠经济的发展。只有经济发展了,政治才能更加稳定,社会才能更加和谐,文化才能更加繁荣,人民的生活水平才能更加提高,建成富强、民主、文明、和谐的社会主义现代化国家的目标才能早日实现。

二 城市经济管理水平评价指标体系的构建

(一)城市经济管理水平指标体系总体框架

1. 决策规划水平

决策是现代管理学中的术语,创始人 H. A. 西蒙认为,决策就是指人(或组织)作决定的行动,即从多种可能行动方案中选择一种的选择行为,这种过程可能是经过思考的理性的行为,也可能是条件反射、习惯反应或本能反应等非理性的行为。本文所指的决策是对未来经济活动进行选择、确定经济发展目标,以及为实现既定目标所采取的最佳方案和切实可行的措施。

规划是一个综合性的计划,包括目标、政策、程序、规则、任务分配、采取的步骤、使用的资源,以及为完成既定行动方针所需的其他因素。本文所指的规划就是政府为实现既定的国民经济和社会发展目标,在决策目标的指引下,以预测工作为基础,对实现目标的途径做出具体安排的活动。规划的功能是保证决策目标的实现,有利于各种资源的合理配置,预防意外情况对行动造成的干扰,为实施控制提供依据。

本文将现代管理学中决策规划的基本含义延伸到城市经济管理水平研究领域。城市政府决策规划就是指政府对经济、科技和社会发展目标、发展规划、行动方案、政策策略和重大措施等做出带有全局性、长期性的重大决定和选择,并付诸实施的过程。城市政府决策规划水平是指城市政府在履行经济管理职能过程中,根据经济社会发展的需要对影响经济发展的决策规划要素进行组合的水平,是直接影响城市政府决策规划的效率,使决策规划活动顺利完成所必备的能量和力量,它直接影响决策规划活动的快慢、质量的高低和效果的优劣。决策规划能力是体现政府经济管理水平的重要方面,也是城市政府适应能力的表现形式之一。城市政府通过制订经济与社会发展的中长期计划,决定经济发展的总战略、经济发展速度、产业结构调整的目标、教育和科学发展水平、人民生活提高程度,同时确定经济的重大比例关系。

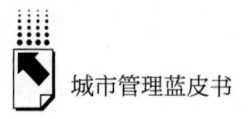

因此，决策规划能力是城市政府经济管理的基础。只有制定出一个好的决策规划，才有可能使城市政府对经济的管理得到全面的发挥。

城市政府决策规划水平反映城市政府能否制定出一个符合本地发展条件和区域经济发展趋势的决策规划，以及能否随形势的发展变化对已经制定的决策规划进行及时完善。决策规划水平的高低也是通过地方政府中期规划主要指标的完成情况来体现。

2. 经济调节水平

经济调节就是城市政府通过调节经济运行，从而推进经济发展。它反映城市政府能否结合本地实际，认真贯彻中央政府的宏观调控政策，实现充分就业，促进经济增长，保持物价稳定，维护财政收支平衡、改善居民住房条件等目标。经济调节的能力大小是通过一定时期内主要调节目标的实现情况来体现的。

3. 市场监管水平

市场监管是按照市场经济的要求和国家经济管理的目标所设置的市场监管机构、组织制度和监管制度的总称，它包括市场监管机构体系及其法律地位、各机构相互之间的职责权限划分、监管手段和监管方式等。市场经济越发展，政府的市场监管能力就显得越重要。广义的市场监管还包括政府对某些重点领域的经济性管制和金融监管。本文所指的市场监管即广义的市场监管。市场监管是市场经济国家政府职能的重要组成部分，政府市场监管水平的高低是评价政府经济管理水平高低的一个重要因素。

市场监管是微观层次的市场监管体系和制度，其目的就是要弥补市场缺陷。市场监管的主体一般都是政府部门，市场监管的客体是一般商品市场（包括产品的生产领域和流通领域）、金融市场和某些重点行业。政府的市场监管能力主要是通过政府监管机构对各类市场主体的资格认证、交易行为和秩序的规范约束、交易权益的保护等监督管理中得以体现的。

通常认为，经济性管制是指在自然垄断和存在信息不对称的领域，为了防止资源配置低效率和确保公平利用，政府使用法律权限，通过许可和认可等手段，对企业的进入和退出、价格、服务的数量和质量、投资、财务会计等有关行为加以管制。政府对重点领域的管制是以效率和公平为管制目标，以不完全竞争、外部性和信息不对称等市场缺陷为管制对象，凭借行政权力做出并直接执行的直接干预市场配置机制和改变企业与消费者的供需决策的一般规则或特殊行为。经济学的目标是充分利用有限的资源生产出尽可能多的产品以不断地满足人们日益增长的欲望。经济学之所以关注政府管制，主要在于管制行为对资源、配置和社会福利产生积极或消极影响的可能性。政府管制的目标是通过提高资源分配效率，以增进社会经济福利，促进社会公平。效率优先可以促进经济增长，为社会公平竞争奠定物质基础。由于市场机制的缺陷，需要政府适时、恰当地实行管制。既然管制的目标确定为追求效率和公平，政府实行经济管制，就是为了弥补市场失灵，规范经济当事人的行为，维持市场经济秩序，促进市场竞争，最终扩大公共福利，从总体上提高国民经济运行效率，促进整个社会的公平。

4. 政府基础财力水平

任何一个政府，无论规模大小，要履行好经济职能就必须提高经济管理水平，而提高经济管理水平的基础是政府具备起码的物质条件和力量。因此，本文认为，所谓政府基础财力水平就是维护政府基本运转、支撑决策规划、经济调节、市场监管发挥作用的水平；政府财力就是政府所掌握和可配置的财力资源。没有财力的政府是谈不上增强经济管理的，也可以把它看作一种政府实施经济管理时的保障能力。

每个要素又通过若干评价指标来测度，各指标的数据都可以在现有的统计资料中获得。城市经济管理水平综合评价指标体系的框架如图3-1所示。

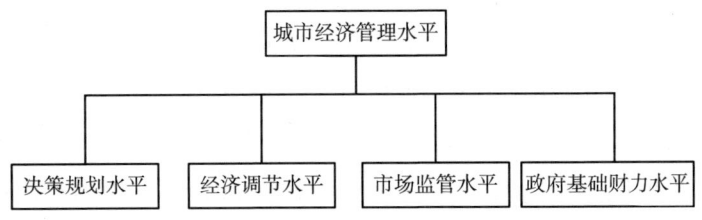

图3-1 城市经济管理水平综合评价指标体系

城市经济管理水平综合评价指标体系一共包括了14个评价指标,具体指标见表3-1。

表3-1 城市经济管理水平综合评价指标体系

一级指标	二级指标	三级指标
城市经济管理水平(J)	决策规划水平(J1)	人均地区生产总值(J11)
		城镇居民人均可支配收入(J12)
		实际就业率(J13)
		第三产业占GRP的比重(J14)
	经济调节水平(J2)	GRP增长率(J21)
		居民消费价格指数浮动(J22)
		城镇登记失业率浮动(J23)
		全社会固定资产投资增长率(J24)
	市场监管水平(J3)	私营个体从业人员增长率(J31)
		人均金融机构本外币存款余额(J32)
		社会消费品零售额增长率(J33)
	政府基础财力水平(J4)	财力规模(J41)
		公共财政收入增长率(J42)
		财政赤字率(J43)

(二)各分项评价指标内涵与计算

1. 决策规划水平指标

决策规划能力也是通过规划目标的完成率来反映的。完成率越高,说明城市政府的决策规划能力越强。我国的各省份"五年规划"在经济方面主要规定了三类指标:第一类是总量指标,包括产出总量、就业总量等;第二类是居民收入指标,包括城镇居民和农村居民两方面内容;第三类是比例类指标,包括产业结构比重、人均产出等。本章选择了4个具有横向可比性的指标。

各指标内涵及计算公式说明如下。

（1）人均产出总量指标。用人均地区生产总值来衡量。这个指标能有效反映不同省份人口规模对经济总量的影响，是衡量一个地区经济实力的代表性指标。其计算公式为：

$$人均地区生产总值 = 地区生产总值/地区户籍人口总数$$

地区生产总值（GRP）指按市场价格计算的一个地区所有常住单位在一定时期内生产活动的最终成果。从价值形态看，它是所有常住单位在一定时期内生产的全部货物和服务价值超过同期投入的全部非固定资产货物和服务价值的差额，即所有常住单位的增加值之和。人均地区生产总值是衡量一个地区经济实力最重要的指标，也是城市政府决策规划的主要目标。

（2）就业总量指标。用实际就业率来衡量。就业既是经济增长的源泉，也是政府经济管理的主要目标。新增城镇就业人数反映了一定时期内，经济发展对劳动力资源的实际利用情况，也是一个重要的常用指标。降低失业率，实现就业增长不仅能促进经济增长，更是提高居民收入的首要手段，是建设和谐社会的主要任务，是一个越来越重要的指标。

$$实际就业率 = 1 - (城镇登记失业人员数/从业人员期末人数 + 城镇登记失业人员数) \times 100\%$$

（3）城镇居民收入增长指标。用城镇居民人均可支配收入来衡量。保障居民收入稳定增长，既是发展经济的目的，也是经济持续发展的动力，各国政府都将其作为一个重要的经济目标，它也是建设和谐社会的一个主要指标。

（4）产业结构优化指标。一般用工业增加值占 GRP 比重或第三产业增加值占 GRP 比重表示，本文采用后者。从发达国家的实践来看，产业结构高级化的过程就是第三产业在经济总量中比重上升的过程，不断提高第三产业增加值在 GDP 的比重，也是城市发展经济的主要目标。因此，用第三产业增加值占比重来衡量产业结构优化指标，它能综合反映城市政府经济增长方式转变的实际成效。

2. 经济调节水平指标

经济增长、充分就业、物价稳定是现代市场经济条件下区域经济发展的主要目标,也是城市政府经济调节的主要目标。地方固定资产投资增长过快,一直是我国经济过热的重要根源,所以本章增加了投资合理增长这一目标。因此,经济调节水平指标中设置了经济平稳增长指标,物价稳定指标,充分就业指标和投资稳定增长指标。各指标内涵及计算公式说明如下。

(1) 经济平稳增长指标。用地区生产总值增长率来衡量。指标值绝对值偏离7%越大,说明经济增长越不平稳,城市政府调控经济增长的能力越小。

(2) 物价稳定指标。用居民消费价格指数(CPI)浮动(变动率)来衡量。物价稳定不仅要求物价指数在一个时期内保持较低水平,还要求它不能有较大波动。从国内外的实践和分析看,CPI变动率越大,就说明物价不稳定,政府调控物价稳定的能力越小。

(3) 充分就业指标。用城镇登记失业率浮动水平来衡量。理论上应该用全部失业率,但由于在中国正式统计的只有城镇登记失业率,故采用这个指标。城镇登记失业率是指城镇登记失业人员与城镇单位就业人员(扣除使用的农村劳动力、聘用的离退休人员、港澳台及外方人员)、城镇单位中的不在岗职工、城镇私营业主、个体户主、城镇私营企业和个体就业人员、城镇登记失业人员之和的比。

城镇登记失业率浮动水平是评价期内城镇登记失业率的变动值,这个指标大体上能反映出一个城市的充分就业状况。指标值越大,说明就业水平越低,城市政府调控充分就业的能力越小。

城镇登记失业率浮动 = (2015年城镇登记失业率 − 2014年城镇登记失业率) × 100%

(4) 投资稳定增长指标。用各地区全社会固定资产投资增长率来衡量。这个指标值越小,城市政府调节投资增长的能力越小。

$$\text{全社会固定资产投资增长率} = \frac{\text{(2015年全社会固定资产投资增长额 − 2014年全社会固定资产投资增长额)}}{\text{2014年全社会固定资产投资增长额}} \times 100\%$$

3. 市场监管水平指标

市场监管的目的，是有效维护市场环境的公平和稳定发展，并保证管制产品和服务的稳定增长。因此，市场监管能力可以通过监管领域企业发展环境变化、产出的稳定增长、政府维护交易公平、保护正当竞争工作的稳定性等因素来反映。因此，本章共选用了3个指标，各指标内涵及计算公式说明如下。

（1）企业发展环境指标。用私营个体从业人员增长率来衡量。新增私营个体从业人员数量越多，说明企业发展的总体环境越好，也说明城市政府的市场监管能力越强。

$$\frac{私营个体从业}{人员增长率} = \frac{(2015年城镇私营和个体从业人员数 - 2014年城镇私营和个体从业人员数)}{2014年城镇私营和个体从业人员数} \times 100\%$$

（2）维护金融稳定指标。用人均金融机构本外币存款余额来衡量。金融的不稳定将直接影响存款增长的稳定性，如果人均金融机构本外币存款余额越大，说明城市政府维护金融稳定的能力越强。

（3）保持消费增长指标。用社会消费品零售总额增长率来衡量。消费增长对市场环境比较敏感，如果区域的假冒伪劣商品多，坑蒙拐骗多，市场监管不严，消费增长就会缓慢。消费增长越快，说明政府市场监管能力越强。

$$\frac{社会消费品零售额}{增长率} = \frac{(2015年社会消费品零售额 - 2014年社会消费品零售额)}{2014年社会消费品零售额} \times 100\%$$

4. 政府基础财力水平指标

城市政府基础能力主要体现在政府可控制的财力、赤字率等方面。本文采用了3个相关指标来衡量政府自身的实力，分别是城市政府财力规模指标、城市政府财力增长指标和财政收支平衡指标，各指标内涵及计算公式说明如下。

（1）城市政府财力规模指标。用地方财政收入占GRP比重的年均水平来衡量。一般情况下，政府财政收入占GRP的比重越大，说明城市政府的可用财力越强。

城市政府财力规模 = 地方财政收入/GRP

（2）城市政府财力增长指标。用地方公共财政收入年均增长率来衡量。随着城市政府公共产品供给职能的强化，其公共财政收入必须保持较高的增长速度。这个增长速度越高，政府基础能力越强。

地方公共财政收入增长率 = 城市政府公共财政收入 - 城市政府公共财政收入/城市政府公共财政收入

（3）财政收支平衡指标。用财政赤字率来衡量。财政收支既是区域经济发展的结果，也是区域经济发展的重要影响因素，财政收支平衡是一种理想状态，也是政府财政管理追求的目标。如果赤字或盈余过大，都会影响政府基础能力的发挥。因此，财政赤字率应控制在一个合理范围，变动幅度越大，就说明城市政府调节财政收支的能力越差。财政赤字率计算公式为：

财政赤字率 =（城市政府财政收入 - 城市政府财政支出）/城市政府财政收入

（三）数据来源与权重设置

1. 数据来源

根据国家图书馆所能查找到的最新资料，原始数据主要来自《中国城市统计年鉴2015》、《中国城市统计年鉴2016》、《中国省市经济发展年鉴2015》、《中国省市经济发展年鉴2015》和各城市统计年鉴及国民经济统计公报（2015~2016）。个别城市的某些数据缺失，采用类似数据或相邻年份数据进行估计。

2. 权重设置

在权重的设置中，采用层次分析法，假定一级城市经济管理水平指标权重为100%，二级指标决策规划水平、经济调节水平、市场监管水平和政府基础财力分别赋权，每项权重分别为35.12%、32.02%、10.12%和22.74%，以此类推。详见表3-2。

表 3-2 城市经济管理水平评价指标权重设置

二级指标	二级指标权重	三级指标	三级指标权重	次综合权重
决策规划(J1)	0.3512	人均地区生产总值(J11)	0.4516	0.1558
		城镇居民人均可支配收入(J12)	0.3469	0.1096
		实际就业率(J13)	0.1366	0.0429
		第三产业占GRP的比重(J14)	0.0649	0.0429
经济调节(J2)	0.3202	GRP增长率(J21)	0.4236	0.1356
		居民消费价格指数(J22)	0.2270	0.0727
		城镇登记失业率(J23)	0.2270	0.0727
		全社会固定资产投资增长率(J24)	0.1223	0.0392
市场监管(J3)	0.1012	私营个体从业人员增长率(J31)	0.3333	0.0338
		人均金融机构本外币存款余额(J32)	0.3333	0.0337
		社会消费品零售额增长率(J33)	0.3333	0.0337
政府基础财力(J4)	0.2274	财力规模(J41)	0.4579	0.1041
		公共财政收入增长率(J42)	0.4161	0.0946
		财政赤字率(J43)	0.1260	0.0287

3. 数据的预处理

由于城市基础设施管理水平各项指标数据的量纲不同，因此，要对这些指标进行综合统一分析，需要对这些数据进行预处理，处理为无量纲数据。

相关指标可以分为两类：正向指标和逆向指标。正向指标是指假定直接评价的三级指标与最终评价的一级指标呈正向线性关系，即该指标数据越大越好。逆向指标是指直接评价的三级指标与最终评价的一级指标呈负向线性关系，即该指标数据越小越好。

对于正向指标，数据预处理的计算公式如下：

$$y_i = 100 \times \frac{x_i - \min(x_i)}{\max(x_i) - \min(x_i)}$$

对于逆向指标，为了使其数据与正向指标数据有一样的表示（越大越好），其数据预处理的计算公式如下：

$$y_i = 100 \times \frac{\max(x_i) - x_i}{\max(x_i) - \min(x_i)}$$

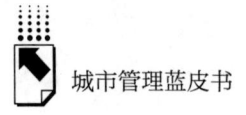

其中，y_i 为预处理后无量纲的数据，x_i 为该指标的原始值，$\max(x_i)$ 为该指标的最大样本值，$\min(x_i)$ 为该指标的最小样本值。

三 中国36个重点城市经济管理水平评价

（一）评价城市的选择

考虑到数据的可获得性和评价标准的相对统一和完整，本文选择了36个全国重点城市进行2015年城市经济管理水平评价与排名，分别包括4个直辖市，27个省会城市和5个计划单列市。详见表3-3。

表3-3 36个重点评价城市

4个直辖市	北京、上海、天津、重庆
27个省会城市	杭州、南京、广州、长沙、武汉、乌鲁木齐、郑州、呼和浩特、合肥、福州、太原、济南、贵阳、南昌、西安、成都、兰州、拉萨、石家庄、沈阳、长春、银川、海口、南宁、哈尔滨、昆明、西宁
5个计划单列市	大连、宁波、厦门、青岛、深圳

（二）分项指标得分与排名情况

1. 决策规划水平指标得分与排名情况

表3-4 我国36个重点城市经济管理决策规划水平指标得分与排名

城市	指标 排名	人均地区生产总值	城镇居民人均可支配收入	实际就业率	第三产业占GRP的比重	总得分	得分原则
权重	0	0.4516	0.3469	0.1366	0.0649		
深圳	1	100	74.852	56.364	45.693	81.791	城市指标得分=（城市指标值-指标最小值）/（指标最大值-指标最小值）×100%
北京	2	52.728	99.689	96.97	100	78.13	
广州	3	79.988	81.199	60.606	67.369	76.941	
杭州	4	57.992	85.972	74.546	44.288	69.07	

续表

指标\城市	排名	人均地区生产总值	城镇居民人均可支配收入	实际就业率	第三产业占GRP的比重	总得分	得分原则
南京	5	63.446	79.293	69.697	41.894	68.399	
上海	6	50.248	100	3.03	69.061	62.278	
宁波	7	48.943	84.571	66.364	10.461	61.184	
长沙	8	60.942	60.746	48.485	9.992	55.865	
青岛	9	49.076	61.981	36.364	30.107	50.585	
大连	10	56.57	48.451	38.485	25.007	49.235	
济南	11	33.835	60.528	65.455	41.53	47.914	
厦门	12	37.93	68.735	29.697	37.705	47.477	
呼和浩特	13	48.133	52.899	19.394	69.321	47.236	
武汉	14	50.557	50.103	33.939	25.501	46.503	
天津	15	54.071	43.053	0	28.441	41.199	
沈阳	16	35.502	50.728	30.909	16.419	38.918	
郑州	17	25.811	33.989	78.788	19.308	35.462	
福州	18	24.048	45.713	53.333	19.36	35.26	城市指标得分 = (城市指标值 − 指标最小值)/(指标最大值 − 指标最小值) ×100%
合肥	19	22.068	43.273	42.424	3.981	31.031	
成都	20	23.143	41.165	27.273	30.159	30.414	
乌鲁木齐	21	23.204	35.513	21.212	71.975	30.367	
海口	22	3.184	26.247	100	90.086	30.05	
西安	23	16.409	40.296	25.151	47.697	27.92	
南昌	24	24.617	36.534	21.212	0	26.688	
昆明	25	9.723	42.612	36.97	36.586	26.597	
拉萨	26	9.325	21.335	60.606	46.058	22.88	
兰州	27	7.259	21.878	63.636	48.816	22.728	
长春	28	22.272	27.923	16.363	6.427	22.397	
银川	29	18.847	25.42	24.242	6.74	21.078	
太原	30	13.236	23.807	23.333	52.355	20.822	
贵阳	31	12.796	22.34	32.727	41.504	20.692	
哈尔滨	32	9.145	33.623	9.697	38.251	19.601	
南宁	33	0	27.971	39.394	22.014	16.513	
石家庄	34	1.815	25.139	20.909	12.022	13.177	
重庆	35	2.988	22.334	18.182	16.862	12.675	
西宁	36	0.12	0	51.818	19.36	8.389	

从表3-4可以看出，在36个重点城市的决策规划水平中，前十名分别是深圳、北京、广州、杭州、南京、上海、宁波、长沙、青岛和大连，分数分别为81.791、78.13、76.941、69.07、68.399、62.278和61.184分。可见，从决策规划水平上看，东部城市占据着绝对优势，前十名中，东部城市占据8席，其余两个城市分属中部和东北。从总分值可以看出，深圳、北京和广州的决策规划水平均远高于其他城市，以北京市为例，2015年人均地区生产总值为106497元，城镇居民人均可支配收入为52859元，实际就业率为99%，第三产业占GRP的比重为79.65%，得分分别是52.728、99.689、96.97、100和78.13分。相比于东部城市，中西部城市，尤其是西部城市，其决策规划水平相对较弱，在排名最后的10位城市中，西部城市占据6席。

2. 经济调节水平指标得分与排名情况

表3-5 我国36个重点城市经济调节水平指标得分与排名

城市 \ 指标	排名	GRP增长率(J21)(%)	居民消费价格指数浮动(J22)(%)	城镇登记失业率变动百分比(%)	全社会固定投资增长率(%)	得分	得分原则
权重	0	0.4236	0.227	0.227	0.1223		
深圳	1	78.142	85.714	95.087	77.111	83.574	
北京	2	60.656	100	97.428	80.262	80.326	
厦门	3	83.607	57.143	91.672	81.226	79.131	
上海	4	100	9.524	98.143	83.383	76.998	城市指标得分=(城市指标值-指标最小值)/(指标最大值-指标最小值)×100%
南京	5	71.585	66.667	74.431	81.077	72.268	
广州	6	62.842	57.143	86.75	100	71.513	
乌鲁木齐	7	78.142	42.857	84.244	75.898	71.235	
太原	8	68.306	42.857	100	80.623	71.223	
重庆	9	53.005	85.714	97.428	58.118	71.134	
贵阳	10	68.306	38.095	97.591	76.081	69.04	
长沙	11	51.913	61.905	97.056	78.475	67.672	
兰州	12	72.678	66.667	51.064	82.998	67.662	
合肥	13	59.563	52.381	93.522	75.867	67.629	

续表

城市 \ 指标	排名	GRP增长率(J21)(%)	居民消费价格指数浮动(J22)(%)	城镇登记失业率变动百分比(%)	全社会固定投资增长率(%)	得分	得分原则
南　昌	14	74.317	33.333	84.158	77.311	67.606	
西　安	15	45.355	71.429	91.925	80.642	66.156	
福　州	16	65.027	38.095	85.426	77.343	65.044	
青　岛	17	85.792	14.286	70.851	75.45	64.895	
郑　州	18	54.098	42.857	91.167	76.686	62.718	
武　汉	19	55.191	38.095	92.261	76.056	62.272	
杭　州	20	54.098	33.333	95.003	62.658	59.712	
石家庄	21	60.656	14.286	89.682	84.408	59.617	城市指标得分=（城市指标值-指标最小值）/（指标最大值-指标最小值）×100%
天　津	22	50.82	33.333	91.031	77.909	59.286	
拉　萨	23	57.377	28.571	81.194	80.746	59.097	
银　川	24	34.426	57.143	93.004	79.878	58.435	
呼和浩特	25	40.984	52.381	87.463	75.661	58.358	
宁　波	26	49.727	66.667	56.327	71.708	57.754	
南　宁	27	65.027	23.81	72.239	67.83	57.644	
长　春	28	82.514	0	52.071	75.671	56.027	
哈尔滨	29	51.475	28.571	73.974	78.864	54.728	
成　都	30	38.798	4.762	93.06	72.22	47.473	
济　南	31	42.076	38.095	81.722	0	45.022	
海　口	32	38.798	33.333	51.418	72.314	44.517	
沈　阳	33	45.355	61.905	0	85.809	43.759	
昆　明	34	0	61.905	85.57	53.332	39.999	
大　连	35	50.82	4.762	20.276	76.751	36.598	
西　宁	36	9.29	42.857	69.201	42.651	34.589	

从表3-5可以看出，在36个重点城市的经济调节水平中，前十名分别是深圳、北京、厦门、上海、南京、广州、乌鲁木齐、太原、重庆和贵阳，分数分别为83.574、80.326、79.131、76.998、72.268、71.513、71.235、71.223、71.134和69.04分。可见，从经济调节水平上看，仍是东部及沿海城市占据优势，前十名中，东部城市占据6席。但值得注意的是，乌鲁木齐、太原、重庆和贵阳，四个中西部城市分别排在了第7~10名。可见，西

部城市在经济调节的得分排名中占据一定优势。以乌鲁木齐为例，2015年全市居民消费价格指数浮动为0.7%，城镇登记失业率变动百分比为-1.685%，全社会固定投资增长率11.929%，私营个体从业人员增长为5.689%，整体运行都较为稳定。

3. 市场监管水平指标得分与排名情况

表3-6 我国36个重点城市市场监管水平指标得分与排名

指标 城市	排名	私营个体从业人员增长百分比	人均金融机构人民币存款余额	社会消费品零售额增长率	得分	得分原则
权重		0.3333	0.3333	0.3333		
深圳	1	47.084	100	41.225	62.763	
合肥	2	75.868	8.855	100	61.568	
北京	3	59.386	55.591	49.1	54.687	
长春	4	100	7.485	52.065	53.178	
上海	5	60.722	43.851	52.608	52.388	
石家庄	6	75.884	0	81.251	52.373	
厦门	7	75.982	25.391	52.749	51.369	
南昌	8	48.969	9.319	92.331	50.201	
南京	9	67.318	23.897	55.287	48.829	
长沙	10	61.861	12.154	69.356	47.786	城市指标得分=(城市指标值-指标最小值)/(指标最大值-指标最小值)×100%
杭州	11	57.919	24.184	58.823	46.971	
太原	12	75.316	17.232	46.928	46.487	
武汉	13	54.874	13.864	69.484	46.07	
南宁	14	75.472	6.306	56.038	45.934	
福州	15	60.966	9.319	63.328	44.533	
郑州	16	59.472	12.143	61.567	44.389	
兰州	17	60.169	14.392	57.471	44.006	
贵阳	18	41.118	13.249	74.919	43.091	
大连	19	59.158	13.299	53.165	41.87	
海口	20	53.46	14.272	55.018	40.913	
宁波	21	47.857	15.637	59.149	40.877	
拉萨	22	33.129	24.154	63.808	40.359	
济南	23	52.304	12.797	55.93	40.34	
成都	24	50.139	14.244	56.425	40.265	

续表

城市 \ 指标	排名	私营个体从业人员增长百分比	人均金融机构人民币存款余额	社会消费品零售额增长率	得分	得分原则
天 津	25	47.434	15.748	56.99	40.054	城市指标得分=（城市指标值－指标最小值）/（指标最大值－指标最小值）×100%
广 州	26	27.866	30.409	58.837	39.033	
重 庆	27	51.621	4.561	60.306	38.825	
青 岛	28	49.594	9.302	55.973	38.286	
乌鲁木齐	29	50.762	15.588	48.241	38.193	
沈 阳	30	50.995	11.145	52.331	38.153	
呼和浩特	31	49.541	13.308	50.161	37.666	
哈尔滨	32	48.219	5.639	56.122	36.656	
西 安	33	54.549	12.895	41.929	36.454	
西 宁	34	48.593	10.312	36.815	31.903	
银 川	35	44.278	9.817	0	18.030	
昆 明	36	0	12.626	37.032	16.551	

从表3-6可以看出，在36个重点城市的市场监管水平中，前十名分别是深圳、合肥、北京、长春、上海、石家庄、厦门、南昌、南京和长沙，分数分别为62.763、61.568、54.687、53.178、52.388、52.373、51.369、50.201、48.829、47.786分。可见，从市场监管水平上看，东部城市仍占优势，前十名中，东部城市占据6席，其余中部城市3个，东北城市1个。从总分值可以看出，排名第3~34名的城市得分距离比较接近，差距基本都在1分左右，只有最后两位的银川和昆明，其得分分别为18.030和16.551分，和排位顺序最接近的西宁分别相差13.873和15.352分，由此可见，银川和昆明两座城市的市场监管水平远低于其他城市，而社会消费品零售额增长率和私营个体从业人员增长百分比数量是分别影响其得分排名的关键。以银川为例，2015年，其社会消费品零售额增长率为－15.646%负增长，单项得分为零，这说明2015年银川市消费增长对市场环境极其不敏感，其原因可能是区域内假冒伪劣商品多，坑蒙拐骗多，市场监管不严。而2015年，昆明私营个体从业人员增长百分比为48.299%负增长，单项得分为零，说明2015年昆明企业发展的总体环境较差，也说明城市政府的市场监管能力不足。

4. 政府基础财力水平指标得分与排名情况

表3-7 36个城市政府基础财力水平指标得分与排名

城市 \ 指标	排名	财力规模	公共财政收入增长率	财政赤字率	得分	得分原则
权重	0	0.4579	0.4161	0.126		
上海	1	90.069	85.97	93.615	88.811	
北京	2	81.442	90.45	92.487	86.582	
深圳	3	51.893	97.855	92.399	76.122	
厦门	4	63.288	84.628	94.511	76.102	
天津	5	55.164	85.514	93.131	72.577	
杭州	6	32.164	100	95.543	68.376	
郑州	7	35.861	77.818	93.905	60.633	
乌鲁木齐	8	42.51	67.827	93.427	59.46	
宁波	9	33.939	76.006	93.354	58.93	
武汉	10	27.054	80.705	94.807	57.915	
南京	11	21.506	84.781	95.188	57.119	城市指标得分=（城市指标值-指标最小值）/（指标最大值-指标最小值）×100%
济南	12	18.979	82.004	94.89	54.769	
太原	13	18.713	80.655	91.885	53.707	
贵阳	14	36.13	61.208	92.442	53.66	
昆明	15	34.431	62.242	93.498	53.446	
呼和浩特	16	6.641	90.151	92.97	52.267	
青岛	17	23.461	70.039	93.841	51.71	
福州	18	18.416	73.375	93.439	50.737	
成都	19	22.847	63.789	93.483	48.783	
重庆	20	40.723	45.521	88.568	48.748	
西安	21	25.857	57.788	92.367	47.524	
石家庄	22	0	83.458	91.676	46.278	
拉萨	23	100	0	0	45.79	
合肥	24	19.141	59.821	93.043	45.38	
南昌	25	16.967	60.249	92.852	44.538	

续表

城市 \ 指标	排名	财力规模	公共财政收入增长率	财政赤字率	得分	得分原则
长沙	26	9.287	66.558	93.781	43.764	城市指标得分=(城市指标值-指标最小值)/(指标最大值-指标最小值)×100%
广州	27	3.357	70.318	93.997	42.64	
银川	28	27.315	45.254	89.337	42.594	
海口	29	16.146	53	92.025	41.042	
沈阳	30	8.619	55.843	100	39.783	
兰州	31	11.602	46.301	90.42	35.971	
大连	32	3.626	53.331	92.57	35.515	
南宁	33	10.857	44.282	90.968	34.859	
长春	34	0.757	38.82	90.909	27.954	
哈尔滨	35	1.17	36.793	90.631	27.265	
西宁	36	8.857	22.221	84.687	23.973	

从表3-7可以看出，在36个重点城市的政府财力基础中，前十名分别是上海、北京、深圳、厦门、天津、杭州、郑州、乌鲁木齐、宁波和武汉，分数分别为88.811、86.582、76.122、76.102、72.577、68.376、60.633、59.46、58.93和57.915分。从总分值可以看出，上海和北京的得分远高于其他城市，分项得分也都在80分以上，可见其财力基础雄厚。紧随其后的是深圳、厦门、天津和杭州，财力基础也相对较高。值得注意的是，东北四大城市沈阳、大连、长春和哈尔滨分别排在第30、32、34和35位，由此可见，2015年东北城市的财政问题较为突出。无独有偶，在标准排名研究院连续三年推出的"中国大陆城市财力50强排行榜"中，2015年沈阳和大连垫底，两个城市连续两年公共财政预算收入下滑，沈阳去年下降了22.8%，大连更是下降了25.7%。从分项得分情况看，东北四个城市的主要问题也存在于财力规模上，沈阳、大连、长春和哈尔滨的得分分别是8.619、3.626、0.757和1.17分。

（三）总指标综合得分与排名情况

表3-8　36个城市总指标综合得分与排名

城市 \ 指标	综合排名	综合得分	城市 \ 指标	综合排名	综合得分
深圳	1	70.910797	济南	19	50.69989
北京	2	66.125229	贵阳	20	49.192986
杭州	3	65.642326	南昌	21	48.126404
上海	4	62.139957	西安	22	47.425797
南京	5	59.906208	重庆	23	45.642578
广州	6	59.711708	成都	24	44.649746
宁波	7	57.491512	兰州	25	44.234653
长沙	8	57.470329	拉萨	26	43.868145
武汉	9	55.864929	石家庄	27	42.752865
天津	10	55.814785	大连	28	40.476833
乌鲁木齐	11	55.151665	沈阳	29	39.364265
青岛	12	54.832596	长春	30	39.246262
厦门	13	53.569572	银川	31	39.030956
郑州	14	52.680992	海口	32	38.333603
呼和浩特	15	51.20435	南宁	33	38.174072
合肥	16	51.16877	哈尔滨	34	36.066566
福州	17	50.870331	昆明	35	34.569397
太原	18	50.758915	西宁	36	30.327745

2015年，全国36个重点城市经济管理水平总体可分为四个层次：第一层次为深圳、北京、杭州、上海，得分为62分以上；第二层次为南京、广州、宁波、长沙、武汉、天津、乌鲁木齐、青岛、厦门、郑州、呼和浩特、合肥、福州、太原、济南，得分为50分以上；第三层次为贵阳、南昌、西安、重庆、成都、兰州、拉萨、石家庄、大连，得分为40分以上；第四层次为沈阳、长春、银川、海口、南宁、哈尔滨、昆明、西宁，得分为40分以下。从总体的层次上可以看出，北京、上海、广州和深圳等一线城市分值最高，相反，西宁、银川、海口、南宁等经济发展水平相对低的城市相关分值较低。

按照《中国区域经济统计年鉴》上的划分，我国可以划分为四个经济区，即：东部10省（市），包括北京、天津、河北、上海、江苏、浙江、福建、山东、广东和海南；中部6省，包括山西、安徽、江西、河南、湖北和湖南；西部12省（区、市），包括内蒙古、广西、重庆、四川、贵州、云南、西藏、陕西、甘肃、青海、宁夏和新疆；东北3省，包括辽宁、吉林和黑龙江。下面，我们从区域差异的角度来分析城市经济管理指标排名中位于四大经济区的城市经济管理水平差异。

表3-9　36个城市经济管理水平分项排名前十、二十和后十的分布

指标 分布	经济管理水平			决策规划水平			经济调节水平			市场监管水平			政府基础财力水平		
	前十名	前二十名	后十名	前十名	前二十名	后十名	前十名	前二十名	后十名	前十名	前二十名	后十名	前十名	前二十名	后十名
东部地区	8	12	2	8	12	1	6	8	2	6	9	1	7	11	2
中部地区	2	5	0	1	4	2	1	6	0	3	6	0	2	3	4
西部地区	0	3	4	0	2	6	3	5	4	0	2	7	1	6	0
东北地区	0	0	4	1	2	1	0	1	4	1	3	2	0	0	4

1. 东部地区城市经济管理水平普遍较高

从2015年城市经济管理水平排名和得分情况来看，东部地区城市经济管理水平最高，深圳、北京、上海等一线城市尤为突出。深圳、北京、杭州、上海、南京、广州、宁波、天津8个东部城市排在城市经济管理水平的前十位，占80%，其余两个分别为中部地区城市。从前二十名的情况看，东部地区城市数量为12个，占比60%，东部地区和中部地区城市数量为17个，占比85%。可见，东部地区城市经济管理水平普遍较高。从东部地区的分项指标排名来看，决策规划水平、经济调节水平、市场监管水平和政府基础财力水平的前十名中，东部地区城市数量分别是8、6、6和7个，占比分别为80%、60%、60%和70%，在后十名中，东部地区城市数量分别是1、2、1和2个，占比分别为10%、20%、10%和20%，可见，这些城市的共同特点是城市经济管理水平的各分项指标都较为突出，因此，东部地区城

市经济管理水平在四大经济区无疑位于榜首。

2. 中部地区城市经济管理水平总体低于东部，缺乏一流经济管理水平城市

中部地区城市经济管理水平总体低于东部，缺乏一流经济管理水平城市。长沙和武汉两个中部地区城市排入中国城市经济管理水平前十位，但是没有城市排到前五名。后十名中没有中部地区城市。可见中部地区城市总体经济管理水平虽逊于东部地区，但从后十名的情况看，也并没有落后城市。从分项指标排名看，决策规划水平、经济调节水平、市场监管水平和政府基础财力水平的前十名中，中部地区城市数量分别是1、1、3和2个，占比分别为10%、10%、30%和20%，在后十名中，东部地区城市数量分别是2、0、0和4个，占比分别为20%、0、0和40%。此外，中部城市在某些分项指标得分上表现较为突出，比如，长沙和武汉的决策规划，太原和长沙的经济调节，合肥、石家庄和南昌的市场监管等。这些中部城市如果能进一步提高其他分项指标的得分，那么也有可能达到东部一线城市的经济管理水平。

3. 西部地区城市经济管理水平整体欠佳

西部共有12个城市进入测评，没有城市进入前十名，乌鲁木齐、呼和浩特、贵阳、西安、重庆、成都是西部地区城市中管理水平较高的城市，分别排在第11、15、20、22、23和24位，后十名中，西部地区城市占比40%，可见，整体城市经济管理水平不高。从分项指标排名看，决策规划水平、经济调节水平、市场监管水平和政府基础财力水平的前十名中，西部地区城市数量分别是0、3、0和1个，占比为0、30%、0和10%，在后十名中，西部地区城市数量分别是6、4、7和0个，占比为60%、40%、70%和0。值得注意的是，在政府财力水平的后十排名中，西部地区城市占比0，这说明，西部地区城市财力水平较高，以乌鲁木齐为例，它在政府基础财力水平评价中排名第8，财力规模、公共财政收入增长率和财政赤字率的得分分别是42.51、67.827和93.427分。这可能与中央政府对西部地区城市转移支付的倾向性有关。

根据2015年全国财政决算，从中央对地方财政支持总额可以看出，为

保证地区间财力均衡,中央财政向西部地区倾斜明显。在中央对地方财政支持超过2000亿元以上的14个省份中,除了河北和广西外,基本上都是中西部省份。而北京、上海、浙江等东部发达省份获得中央财政支持资金不足千亿元。根据2015年中央对地方专项转移支付分地区决算表,金额超过千亿元的省份为河南、四川、云南、新疆,而这五个省份中的3/4都是西部地区。

然而,西部城市并非一无是处,比如,乌鲁木齐的决策规划水平与政府基础财力水平排名都非常靠前,但是其短板也非常明显,其市场监管水平的排名仍非常落后,这影响了它的整体排名情况。

4. 东北地区城市经济管理水平滑坡明显

东北地区城市经济管理水平滑坡明显。东北地区计入测评的城市仅有大连、沈阳、长春、哈尔滨四市,城市经济管理水平分别排在第28、29、30和34位,位居第三和第四层次。从东部地区的分项指标排名来看,决策规划水平、经济调节水平、市场监管水平和政府基础财力水平的前十名中,东北地区城市数量分别是1、0、1和0个,占比分别为10%、0、10%和0,在后十名中,东北地区城市数量分别是1、4、2和4个,占比分别为10%、40%、20%和40%。值得注意的是,在经济调节水平和政府基础财力水平的评价排行中,东北地区入评的四个城市都排在了后十位,其余两个分项指标排名中,这4个城市也表现一般。可见,东北城市整体经济管理水平滑坡明显。

究其原因,2015年,沈阳、大连、哈尔滨、长春四大城市,公共财政预算收入较之上一年全部下降,排名也随之下跌。上述东北四大名城中,大连和沈阳连续两年公共财政预算收入下滑:沈阳下降了22.8%,大连更是下降了25.7%。大连市财政局的数据显示,2015年全市一般公共预算收入完成579.87亿元,比2014年下降25.7%,为预算的73.8%。其中,税收收入473.06亿元,下降23.1%;非税收入106.81亿元,下降35.5%。

大连市财政局分析称,财政收入负增长的原因:一是按照中央巡视组、省委和省政府有关要求,各级政府认真贯彻依法征收原则,积极做实财政收入,对财政收入中不合规部分进行了清查和整改,影响财政减收额的40%左右。二是经济下行、房地产市场交易低迷以及落实结构性减税和普遍性降费等因素影响财政减收额的15%左右。三是2014年填海工程、清缴历年欠税等一次性收入较多,影响财政减收额的45%左右。

此外,由于东北老工业基地体制机制不够灵活,产业结构不太合理,重工业多、轻工业少,导致东北就业不足,老百姓的实际收入占GDP的比重比东南沿海发达地区要低很多,人口也不断流向东南沿海地区。如果不采取有力措施,东北经济仍会面临着较大的下行压力。

附录 中国36个重点城市经济管理水平评价指标原始数据

(一)决策规划水平指标原始数据

实际就业率 = 1 -(城镇登记失业人员数/从业人员期末人数 + 城镇登记失业人员数)×100%(%)

指标 城市	人均地区生产总值(元)	城镇居民人均可支配收入(元)	城镇登记失业人员数	从业人员期末人数	第三产业占GRP的比重(%)
北 京	106497	52859	91593	7773448	79.65
天 津	107960	34101	229810	2947801	52.15
石 家 庄	51043	28168	53409	1003184	45.84
太 原	63483	27727	48459	1050453	61.34
呼和浩特	101492	37362	38355	415684	67.86
沈 阳	87734	36643	104223	1467488	47.53
大 连	110682	35889	95929	1136838	50.83
长 春	73324	29090	70148	1260604	43.69
哈 尔 滨	59027	30978	95411	1333069	55.92
上 海	103796	52962	241000	7228840	67.76
南 京	118171	46104	66189	2130973	57.32

续表

城市 \ 指标	人均地区生产总值（元）	城镇居民人均可支配收入（元）	城镇登记失业人员数	从业人员期末人数	第三产业占GRP的比重(%)
杭 州	112230	48316	36709	2885605	58.24
宁 波	102374	47852	70135	1668330	45.24
合 肥	73102	34174	103156	1438665	42.75
福 州	75259	34982	33513	1562770	48.66
厦 门	90379	42607	25500	1367698	55.71
南 昌	75879	31942	64727	1250580	41.22
济 南	85919	39889	31531	1318963	57.18
青 岛	102519	40370	74988	1501168	52.79
郑 州	77179	31099	43364	1985732	48.64
武 汉	104132	36436	99077	2072768	51.02
长 沙	115443	39961	34011	1304623	45.06
广 州	136188	46735	251092	3203134	67.11
深 圳	157985	44633	41697	4599649	58.78
南 宁	49066	29106	28652	959514	49.68
海 口	52534	28535	4465	491620	75.84
重 庆	52321	27239	142263	9868700	47.7
成 都	74273	33476	107500	5360594	52.81
贵 阳	63003	27241	35281	1040194	57.17
昆 明	59656	33955	48018	1328261	55.28
拉 萨	59223	26908	10051	446798	58.92
西 安	66938	33188	107425	1984561	59.55
兰 州	56972	27088	14612	671803	59.98
西 宁	49197	19842	44364	341614	48.66
银 川	69594	28261		787188	43.81
乌鲁木齐	74340	31604	23189	714306	68.88

（二）经济调节水平指标原始数据

城镇登记失业率浮动(J23) = 2015年城镇登记失业率 - 2014年城镇登记失业率(%)

全社会固定资产投资增长率(J24) = (2015年全社会固定资产投资增长额 - 2014年全社会固定资产投资增长额)/2014年全社会固定资产投资增长额×100%(%)

指标 城市	GRP增长率（%）	居民消费价格指数浮动（%）	2014年城镇登记失业率（%）	2015年城镇登记失业率（%）	2015年全社会固定资产投资额（万元）	2014年全社会固定资产投资额（万元）
北 京	6.9	1.8	1.2	1	79409699	75114785
天 津	9.3	1.7	4	4.2	130480000	116262649
石 家 庄	7.5	1	3.61	3.51	56898536	48839608
太 原	8.9	0.4	3.4	3.43	20256080	17460868
呼和浩特	8.3	1.8	3.5	3.56	16186335	17364557
沈 阳	3.35	1.2	3.03	3.18	53260443	65640596
大 连	4.2	1.6	2.65	2.93	45592792	67736333
长 春	6.5	1.3	3.75	3.66	43274731	37463792
哈尔滨	7.1	1.4	3.72	3.88	45956910	41759761
上 海	6.9	2.4	4.2	4.1	63493886	60129660
南 京	9.3	2	2.1	1.9	54259756	54307699
杭 州	10.15	1.8	1.84	1.74	55563183	49527010
宁 波	8	1.8	1.95	2.01	45065771	39894626
合 肥	10.5	1.6	2.96	2.8	58519010	53026372
福 州	9.6	1.7	2.42	2.44	48536112	43886168
厦 门	7.2	1.7	3.03	3.22	18876528	156221577
南 昌	9.6	1.6	3.5	3.5	40000719	34342514
济 南	8.06	1.9	2.24	2.04	34984158	30634425
青 岛	8.1	1.2	2.97	3	65556685	57660308
郑 州	10	1.1	1.37	1.6	62880031	52596482
武 汉	8.8	1.4	3.15	3.08	76808855	69625338
长 沙	9.9	1.1	2.85	2.6	63632944	54357478
广 州	8.4	1.7	2.26	2.2	54059522	48895026
深 圳	8.9	2.2	2.26	2.34	32983076	27174266

续表

指标 城市	GRP增长率（%）	居民消费价格指数浮动（%）	2014年城镇登记失业率（%）	2015年城镇登记失业率（%）	2015年全社会固定资产投资额（万元）	2014年全社会固定资产投资额（万元）
南 宁	8.6	1.9	3.1	2.9	33668913	28866773
海 口	7.5	1.2	1.37	0.9	10120455	8215298
重 庆	11	1.3	3.5	3.6	153679690	131062188
成 都	7.9	1.1	2.87	3.3	69469660	66203700
贵 阳	12.5	2.3	3.14	3.12	28044458	23360600
昆 明	8	2.4	2.34	2.98	34978793	31381675
拉 萨	11.2	2.2	2	2.2	4999117	4553866
西 安	8.2	0.7	3.4	3.37	50869319	58245332
兰 州	9.1	1.3	2.2	2.1	18037526	12741436
西 宁	10.9	2.5	2.98	2.49	12680173	11520755
银 川	8.3	1.6	3.3	3.4	15280187	13719186
乌鲁木齐	10.5	0.7	3.56	3.5	17083873	15263119

（三）市场监管水平指标原始数据

私营个体从业人员增长率 =（2015年城镇私营和个体从业人员数 - 2014年城镇私营和个体从业人员数）/2014年城镇私营和个体从业人员数 × 100%

人均金融机构人民币存款余额 = 金融机构人民币存款余额／全市年末户籍人口数

社会消费品零售额增长率 =（2015年社会消费品零售额 - 2014年社会消费品零售额）/2014年社会消费品零售额 × 100%

指标 城市	2015年城镇私营和个体从业人员数（人）	2014年城镇私营和个体从业人员数（人）	金融机构人民币存款余额（万元）	年末户籍人口数（万人）	2015年社会消费品零售额（万元）	2014年社会消费品零售额（万元）
北 京	9517309	8285921	1222842876	1345.2	103380064	96379959
天 津	1298569	1271234	271459275	1026.9	52572834	47386543
石家庄		615190	9801484	1028.84	29630343	24234663
太 原	852047	646450	105939149	367.9	15407962	14501658

续表

指标 城市	2015年城镇私营和个体从业人员数（人）	2014年城镇私营和个体从业人员数（人）	金融机构人民币存款余额（万元）	年末户籍人口数（万人）	2015年社会消费品零售额（万元）	2014年社会消费品零售额（万元）
呼和浩特	618738	592714	53646617	238.58	13535272	12560778
沈 阳	1593892	1504560	138678978	730.41	38832398	35701083
大 连	956607	2479358	133387085	593.56	30874997	28284239
长 春	1777064	1124324	98486300	753.83	24092939	22175471
哈尔滨	1156645	1123123	96885883	961.37	33945383	30708871
上 海	5868877	5047085	1037605977	1442.97	101315014	93034907
南 京	3199611	2595021	258877744	653.4	45901650	41671947
杭 州	2469236	2179346	290030714	723.55	46972280	42014577
宁 波	1917900	1869300	154002364	586.57	33496292	29920297
合 肥	1703734	1286897	109679060	717.72	21836501	16667504
福 州	1228274	1053932	108756176	678.36	34887426	30629431
厦 门	1717601	1296189	88762527	211.15	11684228	10722833
南 昌	750865	723499	83426277	520.38	16628661	13048814
济 南	1597862	1488737	135529851	625.73	34103088	30876494
青 岛	2714574	2598977	125330268	783.09	37136940	33617217
郑 州	1222892	1063819	166964909	810.49	32947107	29136117
武 汉	2372521	2155600	193931600	829.27	51022366	43693155
长 沙	1049100	892900	140288068	680.36	36905930	31620746
广 州	3728859		428436731	854.19	79879595	71444503
深 圳	4462211	4384270	577789000	354.99	50178375	48439983
南 宁	896389	679238	82577730	740.23	17866839	16169020
海 口	806039	742487	39628231	164.8	5955307	5412718
重 庆	5645700	5296000	280943699	3371.84	64240226	57106660
成 都	2388976	2274625	294749203	1228.05	49461930	44688846
贵 阳	438514	459500	87722178	391.79	10601690	8885848
昆 明	653057	1263115	118796692	555.57	19370004	19058927
拉 萨	147732	169932	21231003	53.03	2058000	1803277
西 安	1292728	1178236	177963839	815.66	32150800	30938909
兰 州	748067	646589	78031226	321.9	10503946	9448645
西 宁	305521	295524	35484270	201.17	4204282	4140886
银 川	414763	419827	30177502	179.23	3226896	3824721
乌鲁木齐	898924	850534	69846043	266.83	11433892	10699649

（四）政府基础财力水平指标原始数据

财力规模 = 公共财政收入 /GRP

公共财政收入增长率 =（2015 年公共财政收入 − 2014 年公共财政收入）/
2014 年公共财政收入 × 100%

财政赤字率 =（财政收入 − 财政支出）/GDP × 100%

指标 城市	GRP（万元）	2015 年公共财政 收入（万元）	2014 年公共财政 收入（万元）	2015 年公共财政 支出（万元）
北 京	230145900	47238597	40271609	57377011
天 津	165381900	26671100	23903518	32323500
石 家 庄	54405988	3750529	3434745	6823875
太 原	27353442	2742403	2588527	4199913
呼和浩特	30905200	2474021	2115389	3606450
沈 阳	72723051	6062411	7855020	885751
大 连	77316363	5799130	7808645	9106922
长 春	55300345	3882213	6758377	7657246
哈 尔 滨	57512119	4077328	7400780	8248444
上 海	251234500	55194964	49234377	61915606
南 京	97207700	10200300	9212047	10455700
杭 州	100502079	12338820	9611771	12054777
宁 波	80036103	10064065	10008563	12526362
合 肥	56602700	5715440	6987901	7726647
福 州	56180844	5604635	5748081	7259345
厦 门	34660288	6060967	5482525	6511705
南 昌	40000140	3893412	4731561	5431789
济 南	61002320	6143172	5714138	6581813
青 岛	93000700	10063220	10747138	12228664
郑 州	73115210	9428968	9185111	11060158
武 汉	109056000	12456338	11751039	13380508
长 沙	85101328	7189468	8023838	9249992
广 州	181004136	13494742	14362226	17277176
深 圳	175028634	27268543	21661400	35216708

续表

指标 城市	GRP(万元)	2015年公共财政收入(万元)	2014年公共财政收入(万元)	2015年公共财政支出(万元)
南宁	34100859	2970501	4657759	5267231
海口	11619648	1115041	1509200	1709331
重庆	157172700	21548276	33043884	37919973
成都	108011633	11576393	13400037	14684242
贵阳	28911600	3741476	4486298	5035189
昆明	39680051	5022161	5936558	6154909
拉萨	3767300	890277	7158535	6400649
西安	58012000	6509853	8195366	9172400
兰州	20959920	1851917	2801041	3440019
西宁	11316193	947861	2481367	2800252
银川	14938590	1712788	2639036	3092658
乌鲁木齐	26316398	3686663	4048053	4466619

B.4
中国重点城市文化管理评价报告

冀文彦*

摘　要： 城市文化是城市生活的抽象反映，体现在社会生活的各个方面，在一定程度上而言，城市文化管理水平是城市综合管理水平的高度概括。本文选择了4个直辖市、27个省会城市和5个计划单列市的全国36个重点城市进行2015年城市文化管理水平评价，全文从城市文化管理的概念入手，继而分析城市文化管理的特征，在此基础上构建较为客观及完备的指标体系，深入剖析指标构成、数据来源、权重设置，分析城市文化管理水平的地区差异、分项差异等，最后给出提高城市文化管理水平的相关建议。

关键词： 城市文化　城市管理　综合评价

文化是有生命力的，天生就和创新联系在一起。文化对城市的价值体系和发展目标形成指引，如果决策者把握住了文化带动的方向，将城市文化融入经济发展和社会发展的方方面面，那么也就等于掌握了一个推进城市综合发展的抓手。我们在原有城市文化资源的深刻认识和充分挖掘上，与其他文化资源利用较好的城市做一个对比，探究城市文化资源怎样才能更加有利于城市的整体发展。什么是城市文化？按照吴良镛对于城市文化的解释，城市

---

* 冀文彦，北京城市学院讲师，首都经济贸易大学在读博士，研究方向：城市可持续发展与国际化战略研究、城市管理。

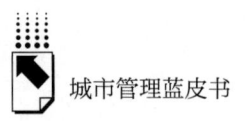

文化有广义和狭义之分。广义文化包括以对区域、全国乃至世界产生影响的文化指挥功能、高级的精神文化产品和文化活动为主要内容的文化指导系统和以包含知识生产和传播功能的科学文化教育基地,以及具有培养创造力和文化娱乐、体育系统等多种内容的社会知识系统。狭义的城市文化指的是对城市文化进行具体化。

一 城市文化管理的主体

文化管理主体伴随着文化管理体制的转变,经历了从单一主体向多元主体的变迁,具体而言,在传统的管理体制中,文化主管部门是唯一的主体,文联、作协因其非官方机构,并没有获得独立主体的地位。改革开放以后,文化管理的主体部门发生了重大的改变:一是由之前的党政高度统一的主管单位变为由政府行政部门分管具体文化事业;二是中央简政放权,地方政府获得了部分文化管理权;三是市场化的、私有化的发展,各种组织与所谓官方文化企事业单位一起,成为日益重要的微观文化管理主体,并逐渐成为重要的社会力量。

具体而言,中央宣传文化单位有中央网信办、文化和旅游部、国家广播电视总局、人民日报社、新华社、中央人民广播电台、中央电视台、中央编译局、中国外文局、中国文联、中国作协、中国记协、中国出版集团等19家单位。如果按照管理部门和行政级别来划分,文化管理部门国家层面有中共中央宣传部和国务院。其中,隶属于中宣部的文化宣传单位有人民日报社、光明日报社等;隶属于国务院的部门有中华人民共和国文化和旅游部(该部门于2018年成立,旨在增强和彰显文化自信,统筹文化事业、文化产业发展和旅游资源开发,提高国家文化软实力和中华文化影响力,推动文化事业、文化产业和旅游业融合发展。主要职责是,贯彻落实党的宣传文化工作方针政策,研究拟订文化和旅游政策措施,统筹规划文化事业、文化产业、旅游业发展,深入实施文化惠民工程,组织实现文化资源普查、挖掘和保护工作,维护各类文化市场包括旅游市场秩序,加强对外文化交流,推动中华文化走出去。）以及中华人民共和国教育部；隶属于国务院的直属机构有国家广播电视总局，中央电视台、中央人民广播电台等隶属于国家广播电视总局；隶属于国务院的文化事业单位有新华通讯社、中央广播电视总台。其中，由国务院部委管理的文化方面的国家局有国家知识产权局（隶属于国务院直属机构国家市场监督管理总局）、国家文物局（隶属于文化和旅游部）。

文化和旅游部下设的与文化管理直接相关的司（局）有政策法规司、艺术司、文化科技司、文化市场司、文化产业司、公共文化司、非物质文化遗产司、对外文化联络局（港澳台办公室）、文化部信息中心；文化和旅游部的直属单位有中国文化传媒集团有限公司、中国对外文化集团公司、中国数字文化集团有限公司、文化部文化艺术人才中心、文化部艺术发展中心、中外文化交流中心、文化部民族民间文艺发展中心、中国艺术科技研究院、文化部全国公共文化发展中心、文化部海外文化设施建设管理中心等32家单位。隶属于文化和旅游部的地方文化厅局共有37个，其中包括27个省份（自治区）的文化厅、4个直辖市文化局、5个计划单列市文化局以及1个新疆生产建设兵团文化广播电视局。此外，文化和旅游部还包括有五大洲的驻外文化机构；主管新闻出版单位32家；主管全国文化社团若干。

文化和旅游部是文化发展和管理的主责部门，地方文化主管部门与其层层对口，参照其职能进行内设机构，保证政令畅达。

近年来，各类文化组织获得了较充足的发展空间，它们参与了文化产业的发展和壮大，成为我国重要的微观文化管理主体。

二 城市文化的基本特征

（一）特色性与包容性

每一种城市文化的形成都需要经过长时期的积淀，在形成过程中还会受

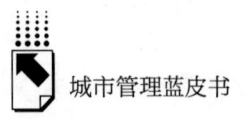

到很多因素的影响，因此，不同的地区形成的文化必定不同，这就是所谓的地域文化。这些独特的文化承载的是地区的文脉，更是地区历史的延续。但是，随着经济的发展、一体化的加强和信息的进步，城市文化的特色会逐渐削弱，取而代之的是普遍的、共性的文化，这个时候，特色文化就要学会适应和包容，既要留住当地的特色文化，也要吸纳外来文化中的精华，这就是城市文化的特色性与包容性的统一。

（二）传统性与时代性

城市从历史中走来，在发展过程中打上了深深的历史烙印，无论如何，现代化的城市，都是历史文化元素的汇集体，因此，现代城市都是历史文化的延续，那些城市内具有历史底蕴的文化建筑，以及流淌着文化气韵的风物世情，无不折射出历史文化，所以，一座城市必然具有传统性。但是，在发展的过程中，不断顺应时代的发展，融汇着时代的元素，网络文化、媒体文化不断丰富着一座城市的文化元素，影响着城市人的生活，使得城市同时具有了时代性。可以说传统性代表了城市的过去，而时代性则代表了城市未来发展的方向。

三 城市文化管理相关概念及指标体系构成

（一）相关概念

我国在传统的文化管理体制下，文化发展长期受到阻碍，随着改革开放的实施，社会力量充分参与了文化管理，已经成为当前文化管理的重要力量。公共管理理论和治理理论主张主体多元，恰恰为当今文化的发展繁荣提供了理论基础，社会力量在文化管理和发展过程中起到举足轻重的作用，弥补了政府在文化管理事业中的不足之处。

城市管理是一项系统工程，文化管理水平作为城市管理系统中不可缺少的子系统，受其每一个子系统里单个指标的影响，势必会对城市管理整体水平产生作用,因此,本研究采用多指标综合评价城市文化管理水平,对消费能力、投资能力、输出能力和创新能力四个二级指标以及其他一系列的结构和比率指标进行估计和表征。具体表现为以下几方面内容(参见表4-1)。

城市文化管理,指城市政府及文化领域的其他主体依据国家和所属城市的方针、法律、法规,对城市公共文化、文化事业和文化产业进行的规划、组织、调控和监督。[①]

表4-1 城市文化管理水平评价指标体系

	二级指标	三级指标
城市文化管理水平	消费能力	组织文艺活动次数
		城镇人均文化娱乐消费支出
		农村人均文化娱乐消费支出
	创新能力	规模以上文化制造业企业R&D经费内部支出
		文化及相关产业专利授权总数
		每万人在校大学生数
	投资能力	文化及相关产业固定资产投资情况
		公共预算文化体育与传媒支出
		文化及相关产业(文化制造业、文化批发和零售业、文化服务业)法人单位数
	输出能力	规模以上文化制造业新产品出口额
		出版物出口销售总额
		全年电视节目出口总额

(二)城市文化管理水平的指标体系

1. 指标体系的构成

城市文化管理既体现着城市的硬实力,也体现着城市的软实力,既与城市对内文化服务有关,又与城市对外文化输出有关。从可实际测算

[①] 赵继敏:《中国城市管理水平评价的初步研究——以44个重点城市为例》,《宏观质量研究》2014年第2(1)期,第86~87页。

的指标来看，城市文化管理可以从消费能力、投资能力、输出能力和创新能力加以衡量，其中，消费能力包括组织文艺活动次数、城镇人均文化娱乐消费支出、农村人均文化娱乐消费支出；创新能力包括规模以上文化制造业企业R&D经费内部支出、文化及相关产业专利授权总数、每万人在校大学生数；投资能力包括文化及相关产业固定资产投资情况、公共预算文化体育与传媒支出、文化及相关产业法人单位数；输出能力包括规模以上文化制造业新产品出口额、出版物出口销售总额、全年电视节目出口总额。

城市文化管理水平评价体系的四个二级分指标为创新能力、输出能力、投资能力和消费能力，其中，创新能力和输出能力是城市文化管理水平的软实力体现；投资能力和消费能力是城市管理水平硬实力的体现。

2. 数据来源

根据国家图书馆所能查找到的最新资料，原始数据主要来自《中国城市统计年鉴2016》《中国城市统计年鉴2015》《2015中国文化年鉴》《2016中国文化及相关产业统计年鉴》。个别城市的某些数据缺失，采用类似数据或相邻年份数据或者用全省数据进行合理化估计。

3. 权重设置

在权重的设置中，采用层次分析法，假定一级城市文化管理水平指标权重为100%，二级指标消费能力、创新能力、投资能力、输出能力分别赋权，每项权重分别为35.84%、30.15%、23.01%和11.00%，以此类推。详见表4-2。

4. 数据的预处理

由于城市文化管理水平各项指标数据的量纲不同，因此，要对这些指标进行综合统一分析，需要对这些数据进行预处理，处理为无量纲数据。

相关指标可以分为两类：正向指标和逆向指标。正向指标是指假定直接评价的三级指标与最终评价的一级指标呈正向线性关系，即该指标数据越大越好。逆向指标是指直接评价的三级指标与最终评价的一级指标呈负向线性关系，即该指标数据越小越好。

表4-2 城市文化管理水平评价指标权重设置

一级指标	一级指标权重	二级指标	二级指标权重	三级指标	三级指标权重	次综合权重
城市文化管理	0.1918	消费能力	0.3584	组织文艺活动次数	0.4934	0.1768
				城镇人均文化娱乐消费支出	0.3108	0.1114
				农村人均文化娱乐消费支出	0.1958	0.0702
		创新能力	0.3015	规模以上文化制造业企业R&D经费内部支出	0.4934	0.1488
				文化及相关产业专利授权总数	0.3108	0.0937
				每万人在校大学生数	0.1958	0.0590
		投资能力	0.2301	文化及相关产业固定资产投资情况	0.4934	0.1135
				公共预算文化体育与传媒支出	0.3108	0.0715
				文化及相关产业（文化制造业、文化批发和零售业、文化服务业）法人单位数（个）	0.1958	0.0451
		输出能力	0.1100	规模以上文化制造业新产品出口额	0.6000	0.0660
				出版物出口销售总额	0.2000	0.0220
				全年电视节目出口总额	0.2000	0.0220

对于正向指标，数据预处理的计算公式如下：

$$y_i = 100 \times \frac{x_i - \min(x_i)}{\max(x_i) - \min(x_i)}$$

对于逆向指标，为了使其数据与正向指标数据有一样的表示（越大越好），其数据预处理的计算公式如下：

$$y_i = 100 \times \frac{\max(x_i) - x_i}{\max(x_i) - \min(x_i)}$$

其中，y_i为预处理后无量纲的数据，x_i为该指标的原始值，$\max(x_i)$为该指标的最大样本值，$\min(x_i)$为该指标的最小样本值。预处理后的无量纲数据值见附表2。

四 重点城市的城市文化管理分项特征

（一）评价城市的选择

考虑到数据的可获得性和评价标准的相对统一性和完整性，本文选择了36个全国重点城市进行2015年城市文化管理水平评价与排名，详见表4-3。

表4-3 36个重点评价城市

直辖市	北京、上海、天津、重庆
省会城市	杭州、南京、广州、长沙、武汉、乌鲁木齐、郑州、呼和浩特、合肥、福州、太原、济南、贵阳、南昌、西安、成都、兰州、拉萨、石家庄、沈阳、长春、银川、海口、南宁、哈尔滨、昆明、西宁
计划单列市	大连、宁波、厦门、青岛、深圳

在这个综合评价体系中，城市文化管理水平包括四个子系统以及12个分项，本文选择了27个省会城市（南京、杭州、广州、乌鲁木齐、济南、福州、长沙、武汉、成都、西安、沈阳、郑州、南昌、呼和浩特、石家庄、长春、昆明、太原、贵阳、兰州、合肥、海口、哈尔滨、银川、南宁、西宁、拉萨）、4个直辖市（北京、上海、天津、重庆）和5个计划单列市（青岛、大连、深圳、厦门、宁波）作为研究对象，我们以2015年为基准数据进行了研究分析。

（二）分项特征

尽管我们对评价结果进行了细致的分析比较，然而，这些子系统呈现出的规律性内容较为有限。这一定程度上说明各个城市的文化管理水平与该城市的自身管理状况关系密切，而不是简单由某个因素造成的。我们也从中发现中国重点城市管理水平分项特征有以下几个方面。

一是城市文化管理水平的排名中,4个直辖市上海、北京、天津、重庆综合得分分别为 67.93、55.94、46.49、31.03,明显高于其他省会城市和计划单列市,排名分别为第1、2、3和5。

二是计划单列市的排名均处于中游位置,且综合得分最大差距不超过15分。如计划单列市中,宁波的排名为最高,综合得分为 24.55,大连的综合得分最低,为 11.63,而宁波和大连在城市文化管理的总排名中分别为第9位和第23位,但排在计划单列市第一位的宁波与总排名中排在第一位的上海的综合得分相比,差距为 43.38 分,而宁波与排在最末位的拉萨的综合得分相比,差距则仅为 19.59 分。

三是五个自治区首府城市文化管理水平参差不齐,差距明显。其中,以乌鲁木齐为最高,在全国的城市文化管理水平排名中为第8位,综合得分为 25.35,呼和浩特处于第 22 位,综合得分与乌鲁木齐差距较大,为 11.73 分,而银川、南宁则分别为第 33、34 名,拉萨在城市文化管理水平的排名中为最末位,综合得分仅为 4.96 分。

五 分区域城市文化管理水平差异分析

根据《中国区域经济统计年鉴2011》的划分,我国划分为东部10省(市),有北京、天津、河北、上海、江苏、浙江、福建、山东、广东和海南;中部6省,包括山西、安徽、江西、河南、湖北和湖南;西部12省(区、市),包括内蒙古、广西、重庆、四川、贵州、云南、西藏、陕西、甘肃、青海、宁夏和新疆;东北3省,包括辽宁、吉林和黑龙江。

根据综合得分,区域文化管理水平排名如下,从表 4-4 中可以看出,排在前十名的东部地区城市有8个,前二十名东部地区共有12个;中部地区排在前二十名的有3个,但没有一个城市为前十名;西部地区相对分布均匀,前十名和 11~20 名中各有两个城市;东北地区则只有一个城市进入了前二十名。这个分布我们从以下散点图可一目了然(见图 4-1)。通过对表 4-3、表 4-4 和图 4-1 的分析,可以得出以下结论。

表4-4 分区域城市文化管理水平分布

地区	文化管理	
	前十名	前二十名
东部	8	12
中部	0	3
西部	2	4
东北	0	1

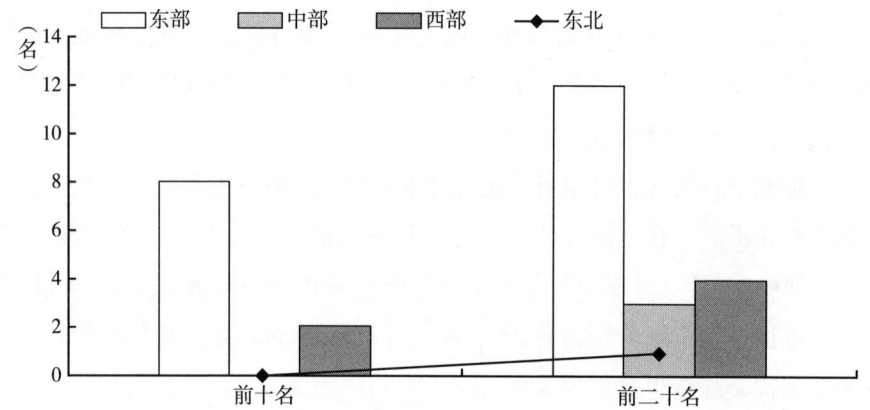

图4-1 文化金融分类及分析框架示意

表4-5 城市文化管理水平排名前二十的城市

城市	排名	综合得分	城市	排名	综合得分
上 海	1	67.93	福 州	11	17.513
北 京	2	55.942	青 岛	12	16.527
天 津	3	46.491	长 沙	13	15.795
南 京	4	31.371	武 汉	14	14.55
重 庆	5	31.032	深 圳	15	14.431
杭 州	6	30.008	成 都	16	13.26
广 州	7	29.252	西 安	17	13.065
乌鲁木齐	8	25.354	沈 阳	18	12.904
宁 波	9	24.55	郑 州	19	12.593
济 南	10	18.296	厦 门	20	12.146

（一）直辖市文化管理水平普遍较高

从表4-5可见，4个直辖市分别占据了前5名的4个席位，其中以上海为最高,在直辖市中,重庆排在最后,处于全国文化中心的首都北京也仅排在了第2位,天津为第3名。这说明,4个直辖市的共同特点是城市文化管理水平都较为出色。

(二)东部地区城市文化管理水平普遍较高

从图4-1和表4-4中可以看出,排在前十名的城市东部有8个,占比80%,排在前二十名的城市东部有12个,占比60%,这说明东部地区整体城市文化管理水平较高,且文化管理水平一流的城市主要集中于东部地区。

(三)中部城市管理水平总体相当

在城市文化管理水平的前二十名里,中部城市只占了3个席位,分别是排在第13位的长沙,仅次于长沙的武汉市以及排在第19位的郑州市,从名次来看,郑州虽然落后于长沙和武汉,但在得分上郑州的12.593分与排在较为靠前的长沙(15.795)以及武汉(14.55)相比较,分数相差无几。这说明,中部城市管理水平总体相当,且缺乏相对一流的文化管理城市。

(四)西部城市呈现出一流的文化管理水平

西部12个省会城市中,有4个城市跻身前二十名,分别是重庆、乌鲁木齐、成都和西安。成都和西安排在第16位和第17位。而最为突出的是在前十位的排名中,除了第5名的直辖市重庆外,乌鲁木齐排在了第8位,综合得分为25.354。这说明西部的经济发展水平并不是制约其文化管理水平的主要因素,西部的城市文化管理特点正在成为一流文化管理水平城市可借鉴的成功案例。

(五)东北地区城市文化管理水平排名较为靠后

东北地区城市文化管理水平排名进入前二十名的只有沈阳,且排名仅为第18,较为靠后。从此次排名中可知,东北地区的计划单列市大连排名为第

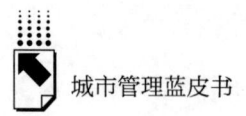

23 位,长春排名为第 25 位,哈尔滨排名为第 32 位,其综合得分分别为 11.634、10.589、8.798 分,其中,大连市在 5 个计划单列市中,排名处于末位。这说明,东北地区城市文化管理整体水平较为落后,且缺乏一流的带头城市。

(六)计划单列市城市文化管理水平位居中游

计划单列市城市文化管理水平位居中游,且管理水平参差不齐,差距明显。从 5 个计划单列市计入测评的相关数据分析可知,宁波城市文化管理水平较高,综合得分明显高于其余 4 个计划单列市,且独自跻身于前十名的排位。这与宁波的名城名都建设分不开,作为国家历史文化名城,自"十二五"以来,宁波文化及相关产业增加值年均增长 13.5%,高于全市 GDP 年均增速。2016 年,宁波文创产业增加值达到 586 亿元,占全市 GDP 比重 6.86%。[①]

表 4-6 计划单列市城市文化管理水平排名

计划单列市	排名(总排名)	综合得分	计划单列市	排名(总排名)	综合得分
宁波	1(9)	24.55	厦门	4(20)	12.146
青岛	2(12)	16.527	大连	5(23)	11.634
深圳	3(15)	14.431			

六 城市文化管理水平体系分项排名及特点分析

表 4-7 城市文化管理创新能力排名前十位城市

城市	排名	综合得分	城市	排名	综合得分
天津	1	68.437	杭州	6	37.304
上海	2	58.227	济南	7	32.2
广州	3	53.821	宁波	8	24.784
南京	4	46.162	青岛	9	22.86
北京	5	43.954	武汉	10	22.827

---

① 《宁波日报》,2017 年 10 月 22 日。

表4-8 城市文化管理输出能力排名前十位城市

城市	排名	综合得分	城市	排名	综合得分
上海	1	83.483	广州	6	14.452
天津	2	60.441	福州	7	11.851
北京	3	26.986	南京	8	9.935
杭州	4	23.735	深圳	9	5.699
宁波	5	19.358	青岛	10	5.558

表4-9 城市文化管理投资能力排名前十位城市

城市	排名	综合得分	城市	排名	综合得分
北京	1	64.368	杭州	6	13.946
重庆	2	61.935	南京	7	11.872
天津	3	34.288	石家庄	8	11.609
上海	4	32.356	宁波	9	10.934
乌鲁木齐	5	22.336	西安	10	10.458

表4-10 城市文化管理消费能力排名前十位城市

城市	排名	综合得分	城市	排名	综合得分
上海	1	94.153	宁波	6	34.682
北京	2	69.494	重庆	7	31.792
乌鲁木齐	3	46.328	天津	8	31.571
南京	4	38.026	广州	9	26.38
杭州	5	36.102	深圳	10	24.135

表4-11 四个直辖市城市文化管理水平数据对比

城市/指标	消费能力			创新能力		
	组织文艺活动次数(次)	城镇人均文化娱乐消费支出(元)	农村人均文化娱乐消费支出(元)	规模以上文化制造业企业R&D经费内部支出(万元)	文化及相关产业专利授权总数(项)	每万人在校大学生数(人)
北京	27175.00	2926.30	474.40	28584.00	4722.00	445.93
天津	9391.00	1278.30	398.20	183908.00	1975.00	497.49
上海	64393.00	2593.20	473.90	127049.00	3138.00	352.12
重庆	25658.00	1002.00	184.30	28965.00	1258.00	219.39

续表

城市/指标	投资能力			输出能力		
	文化及相关产业固定资产投资情况（万元）	公共预算文化体育与传媒支出（百万元）	文化及相关产业（文化制造业、文化批发和零售业、文化服务业）法人单位数（个）	规模以上文化制造业新产品出口额（万元）	出版物出口销售总额（万元）	全年电视节目出口总额（万元）
北京	3542565.00	188.50	104870.00	30427.00	635.00	7232.00
天津	5549753.00	51.73	22299.00	1779527.00	47.00	0.00
上海	1959561.00	108.22	42874.00	1595422.00	2131.00	3504.00
重庆	11873347.00	47.01	29726.00	12031.00	0.00	606.00

4-7、4-8、4-9、4-10表中显示的分项排名以及1个数据对比表4-11中可以看出，体现城市文化管理水平的四大能力具有以下几个特征。

（一）四个直辖市之间分项数据差距明显

就城市的创新能力而言，天津不仅位列四个直辖市之首，同时也是所有城市中排名第一位的城市，从表4-11可以看出，天津规模以上文化制造业企业R&D经费内部支出一项为183908万元，远远超出其他四个直辖市的经费支出。上海输出能力与消费能力占据明显优势，从表4-8、表4-10和表4-11可以看出，上海的出版物出口销售总额（2131万元）以及组织文艺活动的次数（64393次）远远超出其他城市。如上海的出版物出口销售总额要比北京多1496万元，比天津多2084万元，而同样是直辖市的重庆，出版物出口销售总额为0。2015年上海组织文艺活动的次数要比同时期的北京多37218次，比重庆多38735次，比天津多55002次。就文化管理投资能力而言，北京明显具有优势。如公共预算文化体育与传媒支出为188.50百万元，比这项指标排在第二位的上海多支出80.28百万元，这与北京承办的各项体育和文化盛事有极大关系。另外，就文化及相关产业（文化制造业、文化批发和零售业、文化服务业）法人单位数来看，北京以六位数的数字（104870）远超这项指标排名第二的上海市，这主要源于北京集中了绝大多数公司的总部，同时北京近年来的文创发展吸引了许多文化产业的孵化，同时也吸引了文化企业的落户。

（二）排名靠前的部分城市文化管理软实力较差

重庆作为直辖市，与上海、北京和天津相比仍有一定差距。在二级指标的四个分项前十名的排名中，重庆只在投资能力和消费能力中跻身前十位见表4-10；再如乌鲁木齐，和重庆的情况几乎一样，在城市文化管理的软实力排名中，乌鲁木齐的创新能力在总排名中位居第26位，综合得分11.972；输出能力排在第24位，综合得分仅为0.047。还有一些城市是城市文化管理的软实力较强，但硬实力欠佳。如广州、青岛，从表4-7、4-8、4-10可以看出，广州的创新能力、输出能力、消费能力都较为强劲，唯独在投资能力方面较为欠缺，广州的投资能力排在全国第14位，综合得分为8.608；青岛则是创新能力和输出能力都较有优势，但同样投资能力较弱，排在全国第13位，略好于广州，综合得分10.136。

（三）长三角的部分重要城市软硬实力明显较强

从表4-10的排名中可以看出，除了直辖市上海外，杭州、宁波和南京，这三个长三角地区重要的城市在城市文化管理的投资能力、输出能力、消费能力和创新能力中都表现出强劲的势头，也就是说，这些城市无论是城市文化管理的软实力还是硬实力，都有着较为雄厚的实力。同时，从前表中也可看出，有极个别城市在某个方面表现较为突出，如武汉、济南的文化创新能力较好，石家庄和西安的投资能力较好，而作为沿海开放城市的福州，则输出能力较为突出，这与其本身有利的地理位置有极大的关系。

七 提高城市文化管理水平的建议

（一）提高城市文化管理水平的建议

人类社会发展的内在驱动力和凝聚力均来自文化。城市是文化的载体，也是文化的集散地，更是城市的名片。在当今世界，文化越来越成为经济社会发展的战略资源和强大生产力，成为综合实力的重要组成部分。城市是一个复杂系统，城市文化作为这个系统工程中的一项重要任务，城市文化管理工作尤其受到文化管理体制的制约和影响，对其产生着关键性的作用，因此，提高城市文化管理水平应从多个角度来考量。

1. 强化城市特色，提升城市文化自信

城市文化对于一座城市的意义非常重大，因为历史的不同，城市之间会形成不同的城市文化风貌，文化也就构成了一个城市的灵魂，不同的历史文脉形成了不同城市的特色，管理者要利用好这个文化特色，将城市文化特色塑造成城市文化品牌，进而打造城市品性，各类文化活动可以围绕城市品牌进行，树立属于自己的文化自信，文化自信体现着当地人们对自己城市文化的认识，也代表着对未来状态的期望。

2. 城市文化管理主体多元化

城市文化管理主体的转变，就是从"单一主体"到"网络组织"的转变，在"网络组织"中，城市文化管理主体包括地方政府、市场、社会组织和民众。要实现城市管理主体多元，就是要大力倡导政府之外的管理主体参与到城市文化的发展和繁荣中来。还要不断发展和壮大社会组织，让社会力量发挥作用，城市在多种力量的共同作用下，必定会带来文化的繁荣发展。提升城市硬实力的关键是增强市民的参与度，市民对城市文化管理的参与不足是其在管理过程中存在的主要问题，因此，完善管理主体最为关键的就是增进市民的参与。比如乌鲁木齐，我们从文中分析可知，乌鲁木齐市作为新疆维吾尔自治区的首府，在国家"一带一路"建设背景下，区位优势更加凸显，其举办文艺活动的场次较多，公众参与度很高，这是乌鲁木齐打造区域文化中心的基础所在。

3. 提升城市文化管理的硬实力

作为城市文化管理硬实力的表现，投资和消费能力光靠管不行，还要支持；支持就需要大量资金投入，这个光靠政府投入远远不够，要建立多种渠道集资、多种投入主体，畅通社会投资渠道，并通过相关法律法规的制定，对多种渠道的投资进行合法化的保护。

4. 提升城市文化的软实力

城市文化管理水平提升的关键还在于软实力的提升，即城市文化的创新能力和输出能力。全球化对文化的冲击是巨大的，但也为文化的发展带来了前所未有的机遇。从前文的分析中我们看到，在文化输出能力的排名中，上海、天津、北京、杭州位居前四名，这充分说明，那些具有较强输出能力的城市具备很强的文化表达力、文化竞争力和文化传播力，这是城市文化在竞争中能够脱颖而出的必要条件，同时，它们的对外传播带有鲜明的城市特色和中国特色，这意味着，传统文化内涵不能丢弃，这是城市文化的精髓，无论再全球化、再一体化，它能够始终代表城市的灵魂，也对城市的文化输出有强大的能动作用，只要正确选择和准备表达，这就是一个城市的软实力。

八　结论

本文试图用多指标评分方法对中国城市的文化管理水平进行综合评价。评价过程中，采用了因子分析方法，对打分方法进行佐证。值得注意的是，这一评价体系的各项二级指标之间有些情况下可能是一种相生相克的关系。为了得到总体的管理水平，我们不得不对各指标进行赋权，然而，权重的确定无法完全避免主观倾向的影响。因而，综合评价的结果，正如其他多指标综合评价一样，仅具有有限的参考价值。一定程度上，各城市二级指标和三级指标所反映的在特定领域的管理水平更具有实际意义。由于人性中对确定性的渴望，政府、媒体以及大众普遍喜欢综合性的、全面的评价体系，需要给出某个城市以特定的量化分值，从而评定出该城市在整个中国城市体系中的位置，本文的评价也基本顺应了这一要求。然而，必须指出的是，从本文的四个二级指标的测算结果来看，每个城市都有其自身的特色。虽然有些城市总分比较低，但在某些方面具有一定的优势，如乌鲁木齐的消费能力，福州的输出能力。因此，对于城市而言，相较于关注城市管理总体水平的分值，更应该关注与其他城市相比较所存在的具体优势和差异。指标体系和评价结果力图表明，城市文化管理中，既要强调因地制宜、突出地

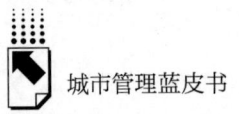

方的特色；也要注重协调发展，弥补城市文化管理中的短板。特别是一个城市软能力和硬能力定位协调发展，才是城市文化管理所当然的追求。

附录 中国36个重点城市文化管理水平排名

城 市	排 名	综合得分	城 市	排 名	综合得分
上 海	1	67.93	青 岛	12	16.527
北 京	2	55.942	长 沙	13	15.795
天 津	3	46.491	武 汉	14	14.55
南 京	4	31.371	深 圳	15	14.431
重 庆	5	31.032	成 都	16	13.26
杭 州	6	30.008	西 安	17	13.065
广 州	7	29.252	沈 阳	18	12.904
乌鲁木齐	8	25.354	郑 州	19	12.593
宁 波	9	24.55	厦 门	20	12.146
济 南	10	18.296	南 昌	21	11.942
福 州	11	17.513	呼和浩特	22	11.733
大 连	23	11.634	合 肥	30	9.571
石家庄	24	10.772	海 口	31	9.552
长 春	25	10.589	哈尔滨	32	8.798
昆 明	26	10.398	银 川	33	7.454
太 原	27	9.936	南 宁	34	7.125
贵 阳	28	9.867	西 宁	35	6.857
兰 州	29	9.574	拉 萨	36	4.955

B.5
中国重点城市环境管理评价报告

王 强*

摘 要： 本报告梳理了现有环境评价的指标体系和方法，研究了城市环境评价的主要内容，从城市固体废物管理、城市气体废物管理、城市液体废物管理、城市生态绿化管理和城市噪声环境管理等五个方面构建了评价指标体系，利用层次分析法和指标加权的方法对全国36个重点城市进行城市环境管理水平评价和排名，并对环境评价结果进行了分析。

关键词： 城市环境 城市管理 层次分析法 综合评价

一 城市环境评价的研究现状

20世纪60年代是城市环境评价起步阶段，最早的评价方法出现在美国，他们提出了大气环境评价指标格林大气污染综合指数和其他一些水体质量评价指标。在此后的10年中，日本、欧洲等国家也开始了大气环境的评价研究和治理工作，涌现出很多研究成果，并在世界范围内传播。我国的环境质量评价也始于这一时期，北京西郊的环境质量研究及官厅流域水源保护研究开创了中国环境质量研究的先河。近几年，环境评价已经成为我国城市管理学科研究和实践的热点问题，本篇梳理了相关的研究成果并进行了简要的介绍。

---

* 王强，北京城市学院，管理学博士，研究方向：城市环境管理。

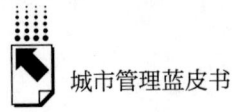

(一)评价指标体系

目前国内外对城市环境评价的指标体系可以分为单因素评价和综合评价指标两大类。具体如表5-1所示。

表5-1 国内外对城市环境评价的指标体系

类别	具体方法	具体内容	优缺点
单因素评价	空气质量指标	氮氧化物排放指标、二氧化硫排放指标[①②]、大气颗粒物指标等	优点:直观明确、数据容易获得、数据连续性好 缺点:不能分析多种污染物对环境的综合作用,不适合环境污染的复杂性特征
	水质量指标	工业废水处理指标、液体污染排放指标[③④]等	
	固体污染物指标	工业固体废物排放、城市废弃物指标等	
综合评价指标	OECD的可持续发展评价指标体系	环境压力指标、环境状况指标和社会响应指标	优点:评价内容全面、体系结构完整,实现评价工作的整体优化思想 缺点:指标数量繁多,相互影响,计算复杂,部分数据难以获得。这些都可能导致最终结论的片面性,从而使其应用受到限制
	环境友好型城市指标体系	人文环境、环境质量、经济环境、污染控制和环境建设	
	生态脚模指标体系	自然资本利用核算的简明框架	
	"可持续性晴雨表"一个综合环境的结构化分析程序	包括土地、水资源、空气、物种与基因、资源利用等5个环境质量要素,共计51个指标	
	环境可持续发展指数(Environment Sustainability Index, ESI)	可持续发展指数的指标体系分为五大核心内容,分别是环境系统状况、环境管理水平、社会和制度情况、环境压力缓解状况和人类脆弱性的减轻	

资料来源:① Stem D. I. The Rise and Fall of the Environmental Kuznets Curve, World Development, 2004, 32 (8).
② Merlevede B., Verbeke T., De Clereq M. The EKC for SO_2: Does firm size matter, Ecological Economics, 2006, 59 (4).
③黄菁:《环境污染与城市经济增长:基于联立方程的实证分析》,《财贸研究》2010年第5期。
④张红凤、周峰、杨慧等:《环境保护与经济发展双赢的规制绩效实证分析》,《经济研究》2011年第3期。

(二)评价方法

环境评价的方法很多,简单梳理如表5-2所示。

表 5-2 环境评价方法

评价方法	用途	评价方法	用途
因子分析法	指标筛选和处理	拉开档次法	权重计算④
主成分分析法	指标筛选和处理	加权评价法	指数集成计算
灰色聚类	指标筛选和处理	几何评价法	指数集成计算
模糊聚类	指标筛选和处理	最小因子法	指数集成计算
层次分析法	权重和指标计算①	加权和平方根	指数集成计算
熵值法	权重和指标计算②	平方根调和平均法	指数集成计算
集对分析法	权重和指标计算③	指数法	指数集成计算

资料来源：①王金凤、刘臣辉、任晓明：《基于层次分析法的城市环境绩效评估研究》，《环境科学与管理》2011 年第 6 期。

②李建龙、师学义：《基于熵权灰靶生态系统服务价值模型的土地利用规划环境影响评价——以晋城市为例》，《环境科学学报》2015 年第 6 期。

③Zhang Wenyi, Fang Hua, Cai Jianan, et al. Assessment for air environmental quality of Ma-anshan city by set pair analysis method [J]. Journal of Nanjing University of Science and Technology: Natural Science, 2003, 27 (4): 426-430.

④郭亚军：《一种新的动态综合评价方法》，《管理科学学报》2002 年第 4 期。

除去上述传统数理模型（线性和非线性模型）方法外，还有模糊综合评价方法、灰色评价模型方法①、聚类分析方法。此外，大量的人工智能模型也被用于城市环境的评价，如神经网络评价模型、支持向量机评价模型、深度学习评价模型、物元分析法②等③。再有，就是多种计算模型的相互结合，比如将地理信息系统与数学模型综合评价相结合，将 AHP 在多元素综合分析中的独特优势与 GIS 强大的空间分析能力相结合，也是研究的新领域。

---

① Xu Weiguo, Tian Weili, Zhang Qingyu, et al. Study on modification and application of grey relation analysis model in evaluation of atmospheric environmental quality [J]. Environmental Monitoring in China, 2006, 22 (3): 63-66.

② 路春燕、卫海燕、白俊燕：《基于 BP 神经网络的城市化发展生态环境压力响应研究——以延安市为例》，《干旱区资源与环境》2012 年第 4 期；鲍超、方创琳：《基于物元模型的西北干旱区城市环境质量综合评价——以河西走廊的张掖市为例》，《干旱区地理》2005 年第 5 期。

③ 赵晓丽、曹祯：《我国城市生态环境评价指标体系构建的研究》，《能源与环境》2011 年第 3 期；郑少露等：《基于低碳循环经济的规划环评指标体系的探讨》，《环境科学与技术》2010 年第 6 期；高秀清：《北京郊区生态环境建设指标体系研究》，中国地质大学硕士学位论文，2012 年 12 月。

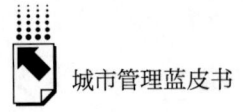

二 构建城市环境管理水平评价指标体系

随着中国城市化进程的加快,近30年来中国城市规模迅速扩大。从最初的盲目扩张,到现阶段的精细化管理,中国城市开始走向内涵式的发展模式,不论是城市的管理者还是城市居民愈来愈重视城市环境。与城市环境评价相关的理论研究和实践逐渐成为人们关注的热点。本研究着重考察影响城市环境管理水平的相关因素,并从中提炼环境管理水平评价指标。

(一)城市环境管理水平评价考察内容

针对城市环境管理,我们从城市固体废物管理、城市气体废物管理、城市液体废物管理、城市生态绿化管理和城市噪声环境管理等五个方面来考虑评价指标的构建。

1. 城市固体废物管理

城市固体废物管理包括以下两个方面。

第一个指标是生活垃圾无害化处理率。根据国家住建部发布的2015年城乡建设统计公报,2015年,全国城市生活垃圾无害化处理率为94.10%,县城生活垃圾无害化处理率为79.04%,分别较2014年提升了2.31和7.44个百分点。2015年末,全国城市道路清扫保洁(覆盖)面积73.0亿平方米,其中机械清扫面积40.6亿平方米,机械清扫率为55.5%。

第二个指标是工业固体废物利用率。相比污水和大气污染的治理,大家往往忽视工业固体废物的治理。传统的工业固体废物治理方式,比如掩埋、堆放,往往会形成对环境的二次污染,除此之外,固体废物的传统治理方式还占用大量土地、资金和人力。因此工业固体废物的再利用成为该类污染最好的治理方式。所以本研究选区工业固体废物的利用率作为评价城市环境管理水平的指标之一。

2. 城市气体废物管理

城市气体废物管理包括以下三个方面。

第一个指标是工业二氧化硫排放降低比率。工业二氧化硫排放量指企业在燃料燃烧和生产工艺过程中排入大气的二氧化硫数量。现在很多工厂在废气排放方面都要求增加脱硫装置,减少二氧化硫的排放,因此对二氧化硫排放的控制不是技术难题,可以通过加强城市管理力度来实现。本研究采用相对上一年度的降低比率作为城市环境管理水平的指标。

第二个指标是工业烟尘排放降低比例。烟尘不仅对居民身体健康造成直接伤害,还会与空气中的二氧化硫结合成为酸雨的潜在因素。因此工业烟尘的危害对区域环境的影响相对较大,甚至是污染土壤。本研究采用相对上一年度的降低比率作为城市环境管理水平的指标。

第三个指标是细颗粒物年平均浓度(微克/立方米)。该指标俗称$PM_{2.5}$,随着近几年北方主要城市雾霾的加剧,该指标已经成为广大城市居民茶余饭后的谈资。与此同时,每个城市的管理者都非常重视这一指标,每个城市都有自己的预警和应急措施。该指标已经成为反映一个城市环境水平的最直观的评价指标。

3. 城市液体废物管理

城市液体废物管理包括以下两个方面。

第一个指标是污水处理厂集中处理率。该指标可以按照如下的公式进行计算,污水厂集中处理率=处理后达标排放的污水量/城市污水排放总量×100%。截至目前,我国城市污水官网总计10.94万千米。根据我国第十三个五年规划的要求,我国城市污水集中处理率要到达95%以上。因此我们将城市污水集中处理率作为衡量一个城市环境管理水平的指标。

第二个指标是工业废水排放量减少比率。我们采用工业废水排放量相对于上一年的减少比率来反映城市的管理水平。近年来我国工业用水一直维持在每年1400亿立方米左右的水平,工业废水排放量巨大,以2014年为例,该年度排放量为205.3亿吨。工业废水排放最多的行业包括造纸行业、化工行业、纺织和煤炭行业。因此鼓励工业节水技术、淘汰耗水量大的工艺技术,完善高耗水行业取用水定额标准成为降低城市工业废水费排放的主要路径。

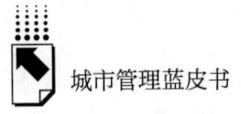

4. 城市生态绿化管理

我们将城市建成区绿化覆盖率（％）作为反映城市生态绿化管理的主要指标。根据住建部和质检总局 2010 年发布的《城市园林绿化评价标准》（GB/T 50563 - 2010）："绿化覆盖面积是指城市中乔木、灌木、草坪等所有植被的垂直投影面积，包括屋顶绿化植物的垂直投影面积以及零星树木的垂直投影面积，乔木树冠下的灌木和草本植物不能重复计算。"

"建成区绿化覆盖率（％）＝建成区所有植被的垂直投影面积（平方公里）÷建成区面积（平方公里）×100％"。

在现行国家标准《城市规划基本术语标准》（GB/T50280 - 98）的术语解释中，"建成区"指"城市行政区内实际已成片开发建设、市政公用设施和公共设施基本具备的地区"，《城市园林绿化评价标准》中指出，建成区范围是"城市实际建设用地所达到的范围"。必须在建成区的范围内进行统计，城市边缘的大片农田、水域、风景名胜区等不能拿进来统计。

5. 城市噪声环境管理

第一个指标是城市噪声路段超标率。噪声是城市居民都非常熟悉的一个概念，机动车辆在城市街道运行时，如果其噪声超过国家标准（白天70dBA，晚间55dBA），那这样的路段就是噪声超标路段。

第二个指标是等效声级。等效声级指在声场中的某个位置上，用某一段时间内能量平均的方法，将间歇暴露的几个不同 A 声级噪声，用这样一个 A 声级来表示该段时间的噪声大小。如果噪声是稳态的，等效声级就是该噪声的 A 计权声级。

（二）城市环境管理水平评价指标体系构建

本次研究在指标选取方面参考了我国相关的规划和目标，其中大气环境方面参考《国务院办公厅转发环境保护部等九部门关于推进大气污染联防联控工作改善区域空气质量指导意见的通知》《国家环境保护"十二五"规划》等。水环境方面参考《国家环境保护"十二五"规划》《"十二五"主要污染物总量控制规划》。声环境方面参考《国家环境保护"十二五"规划》《"十二五"主要污染物总量控制规划编制指南》。城市生态绿化方面参考《国家环境保护"十二五"规划》《"十二五"主要污染物总量控制规划编制指南》。废物处置方面参考《国家环境保护"十二五"规划》《"十二五"主要污染物总量控制规划编制指南》。对相关部门工作任务的配置、组织实施、保障措施情况，包括资金、技术、人才等的支持情况进行梳理，选取与效果指标关系最密切、最能体现关键工作过程的关键指标建立考核指标体系。对环境管理水平进行梳理，建立指标体系如表5-3所示。

表5-3 城市环境管理水平评价指标体系

H1 城市固体废物管理	H11 生活垃圾无害化处理率 H12 工业固体废物利用率
H2 城市气体废物管理	H21 工业二氧化硫排放降低比率 H22 工业烟尘排放降低比例 H23 细颗粒物（$PM_{2.5}$）年平均浓度（微克/立方米）
H3 城市液体废物管理	H31 污水处理厂集中处理率% H32 工业废水排放量减少比率%
H4 城市生态绿化管理	H41 建成区绿化覆盖率%
H5 城市噪声环境管理	H51 城市噪声路段超标率 H52 等效声级 dBA

（三）指标权重的计算

指标权重的计算直接关系到最终的评价结果，因此选择合适的权重计算方法非常关键。常用的权重计算方法包括层次分析法、德尔菲法、比较矩阵法、主成分分析法、模糊子集法、熵值法、相关度法等。这些方法总体可以分为主观赋权法和客观赋权法。

考虑到城市环境评价中各指标重要性的不同，本研究采用主观赋权法确定指标权重。为了提高主观赋权的科学性，本研究使用了层次分析法进行权重的计算。该方法在处理多指标权重分配时能够最大限度地减少主观赋权的片面性，提高整体指标的一致性，提高赋权的科学性。在该方法的实施过程

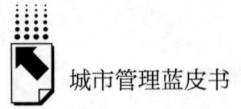

中,首先通过专家打分,集成专家的意见,对层次分析法中的两两比较矩阵进行赋值,然后通过计算得到各层每项指标的权重,通过从下往上逐层递推得到最后一层指标相对于最上层的综合权重,最后进行一致性检验。利用层次分析法,我们得到如表5-4所示的权重设置。

表5-4 城市环境管理水平评价指标权重

H	H1	0.2825	H11	0.6
			H12	0.4
	H2	0.2825	H21	0.3333
			H22	0.3334
			H23	0.3333
	H3	0.2825	H31	0.6
			H32	0.4
	H4	0.0978	H41	1
	H5	0.0546	H51	0.3
			H52	0.7

(四)综合得分的计算

环境管理水平综合指数的计算如下:

$$E_1(X) = \sum_{i=1}^{m} a_i X_i$$

其中 $E_1(X)$ 是城市环境建设综合指标得分,a_i 是一级指标权重,X_i 是一级指标得分。

三 城市环境评价结果

本次研究对36个重点城市进行城市环境管理水平评价和排名,其中包括4个直辖市北京、上海、天津、重庆,27个省会城市石家庄、太原、呼和浩特、沈阳、广州、长春、哈尔滨、南京、贵阳、杭州、合肥、福州、西安、南昌、济南、郑州、武汉、长沙、南宁、兰州、海口、成都、昆明、拉萨、西宁、银川、乌鲁木齐和5个计划单列市大连、青岛、宁波、厦门、深圳。

（一）城市固体废物管理水平排名

我国城市固体废物管理水平最终评价结果如下。

表5-5　36个城市固体废物管理水平排名

城　　市	排名	生活垃圾无害化处理率得分 H11	工业固体废物利用率得分 H12	总得分	城　　市	排名	生活垃圾无害化处理率得分 H11	工业固体废物利用率得分 H12	总得分
海　　口	1	100.00	100.00	28.25	南　　京	19	100.00	85.83	26.65
深　　圳	2	100.00	99.81	28.23	西　　宁	20	94.11	94.64	26.65
济　　南	3	100.00	99.09	28.15	哈 尔 滨	21	89.58	99.72	26.45
武　　汉	4	100.00	96.97	27.91	广　　州	22	94.08	92.78	26.43
南　　宁	5	97.72	99.90	27.85	杭　　州	23	100.00	83.00	26.33
天　　津	6	98.75	97.89	27.80	西　　安	24	97.62	86.31	26.30
南　　昌	7	100.00	95.69	27.76	长　　沙	25	100.00	79.42	25.92
长　　春	8	100.00	94.79	27.66	乌鲁木齐	26	94.77	85.64	25.74
上　　海	9	100.00	94.27	27.60	北　　京	27	99.75	75.13	25.40
成　　都	10	100.00	94.13	27.59	重　　庆	28	98.57	76.80	25.39
宁　　波	11	100.00	92.25	27.37	拉　　萨	29	96.27	79.34	25.28
银　　川	12	100.00	91.95	27.34	大　　连	30	100.00	67.85	24.62
青　　岛	13	100.00	90.70	27.20	郑　　州	31	100.00	66.22	24.43
厦　　门	14	100.00	89.71	27.09	太　　原	32	100.00	34.33	20.83
福　　州	15	97.27	93.07	27.01	贵　　阳	33	93.94	22.62	18.48
石 家 庄	16	94.29	97.03	26.95	呼和浩特	34	99.79	0.00	16.91
沈　　阳	17	100.00	88.37	26.94	昆　　明	35	91.61	5.02	16.10
合　　肥	18	100.00	87.55	26.84	兰　　州	36	0.00	97.63	11.03

在城市固体环境管理水平指标上，2015年我国36个重点城市的平均得分为25.402分，总分28分。位于前十名的城市分别为：海口、深圳、济南、武汉、南宁、天津、南昌、长春、上海、成都。位于后十名的城市分别

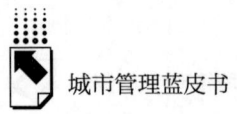

为：北京、重庆、拉萨、大连、郑州、太原、贵阳、呼和浩特、昆明、兰州。

综合来讲，所有城市在这一指标的得分都很高，其中生活垃圾无害化处理率指标各个城市完成都比较好。根据国家住建部2015年城乡建设统计公报，我国城市在固体废物处理上相比2014年有了很大提高，具体数据如表5-6所示。

表5-6 我国城市固体废物处理水平

指标	2015年水平	较2014年变化
全国城市生活垃圾无害化处理率	94.10%	提高2.31%
全年清运生活垃圾、粪便	2.06亿吨	增长6.0%
城市共有生活垃圾无害化处理场（厂）	890座，日处理能力57.7万吨，处理量1.80亿吨	增加72座

相比之下，工业固体废物综合利用率指标情况还有待提高。根据《国民经济和社会发展第十二个五年规划纲要》要求，我国2015年工业固体废物综合利用率要达到72%。目前尚有大连、郑州、太原、贵阳、呼和浩特、昆明、兰州等几个城市低于这一水平。

（二）城市气体废物管理水平排名

我国城市气体废物管理水平最终排名如表5-7所示。

表5-7 36个城市气体废物管理水平排名

城市	排名	工业二氧化硫排放降低比率H21	工业烟尘排放降低比例H22	细颗粒物（$PM_{2.5}$）年平均浓度（微克/立方米）H23	总得分
呼和浩特	1	75.20	95.39	71.62	21.80
厦门	2	40.18	98.74	90.54	20.65
拉萨	3	59.00	66.46	94.60	19.80
西安	4	88.23	76.21	51.35	19.42
贵阳	5	67.01	71.51	77.03	19.40

续表

城市	排名	工业二氧化硫排放降低比率 H21	工业烟尘排放降低比例 H22	细颗粒物（$PM_{2.5}$）年平均浓度（微克/立方米）H23	总得分
北 京	6	96.04	94.35	20.27	18.96
太 原	7	71.18	93.52	45.95	18.96
上 海	8	81.94	65.96	58.11	18.54
南 昌	9	65.95	66.41	71.62	18.36
福 州	10	48.19	64.68	90.54	18.31
杭 州	11	68.84	81.25	52.70	18.25
哈 尔 滨	12	65.78	99.99	35.13	18.08
广 州	13	63.10	58.28	77.03	17.86
长 沙	14	66.57	84.04	47.30	17.81
乌鲁木齐	15	65.15	91.82	40.54	17.78
兰 州	16	56.58	80.27	59.46	17.67
银 川	17	50.57	82.79	60.81	17.48
天 津	18	69.17	85.47	35.13	17.08
深 圳	19	99.95	0.00	89.19	17.02
西 宁	20	61.16	64.40	63.51	17.02
成 都	21	75.53	70.26	43.24	17.01
宁 波	22	61.22	58.51	68.92	16.98
大 连	23	44.54	76.34	64.86	16.72
南 宁	24	51.00	56.07	74.32	16.33
昆 明	25	23.72	56.67	89.19	15.26
重 庆	26	57.33	59.06	52.70	15.22
青 岛	27	46.21	61.23	59.46	15.02
南 京	28	49.30	63.16	52.70	14.86
海 口	29	0.04	65.12	100.00	14.86
合 肥	30	50.19	70.85	40.54	14.54
沈 阳	31	74.27	48.22	32.43	13.94
石 家 庄	32	76.08	67.19	9.46	13.75
武 汉	33	58.53	54.02	35.13	13.29
长 春	34	53.72	35.98	40.54	11.72
郑 州	35	59.32	47.70	0.00	9.63
济 南	36	42.17	47.04	8.11	8.76

在城市气体废物管理水平指标上，2015年我国36个重点城市的平均得分为16.61分，总分27分。位于前十名的城市分别为：呼和浩特、厦门、拉萨、西安、贵阳、北京、太原、上海、南昌、福州。位于后十名的城市分别为：青岛、南京、海口、合肥、沈阳、石家庄、武汉、长春、郑州、济南。

2015年，开展空气质量新标准监测的地级及以上城市共计161个，其中第一阶段实施城市74个，第二阶段新增城市87个。在这161个城市中，新标准第一阶段监测实施城市中，达标城市比例年际比较如表5-8所示。

表5-8 达标城市比例年际比较

年份	SO_2	NO_2	PM_{10}	$PM_{2.5}$	O_3	CO
2015年达标(%)	89.2	48.6	21.6	12.2	67.6	95.9
2014年达标(%)	86.5	39.2	14.9	4.1	77	85.1

在各项监测指标中，除了臭氧指标，其余所有检查指标的达标率都显著提高。城市空气质量进步很大，但总体形势还非常严峻。

（三）城市液体废物管理水平排名

我国城市液体废物管理水平最终排名如表5-9所示。

表5-9 36个城市液体废物管理水平排名

城市	排名	污水处理厂集中处理率 H31	工业废水排放量减少比率(%) H32	得分
呼和浩特	1	78.53	100.00	24.35
贵 阳	2	98.55	56.05	22.92
天 津	3	100.00	50.34	22.54
厦 门	4	84.41	69.24	21.97
大 连	5	88.41	62.31	21.88
沈 阳	6	88.41	61.10	21.75
石 家 庄	7	89.63	57.65	21.58
济 南	8	90.87	55.32	21.53

续表

城市	排名	污水处理厂集中处理率 H31	工业废水排放量减少比率(%) H32	得分
武 汉	9	88.41	58.57	21.47
长 沙	10	102.32	36.17	21.37
青 岛	11	90.90	53.53	21.34
合 肥	12	80.06	70.16	21.33
长 春	13	73.92	78.33	21.18
银 川	14	84.93	60.05	21.04
太 原	15	83.31	59.63	20.72
西 安	16	79.19	65.81	20.70
杭 州	17	86.32	54.03	20.62
南 昌	18	96.29	36.45	20.38
重 庆	19	84.56	48.78	19.74
广 州	20	79.98	52.78	19.40
哈尔滨	21	74.33	56.55	18.86
昆 明	22	79.63	46.21	18.62
海 口	23	70.46	59.06	18.47
兰 州	24	70.91	58.30	18.47
郑 州	25	91.42	22.33	18.00
上 海	26	76.82	44.29	17.93
乌鲁木齐	27	57.20	74.08	17.87
福 州	28	68.71	54.68	17.69
拉 萨	29	70.46	50.17	17.50
北 京	30	67.83	52.03	17.26
成 都	31	70.46	38.11	16.17
深 圳	32	93.13	0.00	15.83
南 宁	33	35.53	68.32	13.55
宁 波	34	43.32	52.53	13.14
西 宁	35	28.83	62.30	11.75
南 京	36	0.00	43.47	4.78

　　在城市液体废物管理水平指标上，2015年我国36个重点城市的平均得分为18.99分，总分28分。位于前十名的城市分别为：呼和浩特、贵阳、天津、厦门、大连、沈阳、石家庄、济南、武汉、长沙。位于后十名的城市

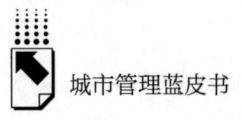

分别为：乌鲁木齐、福州、拉萨、北京、成都、深圳、南宁、宁波、西宁、南京。

（四）我国城市生态绿化管理水平排名

我国城市生态绿化管理水平排名如表 5-10 所示。

表 5-10　36 个城市生态绿化管理水平排名

城市	排名	建成区绿化覆盖率 H41	得分	城市	排名	建成区绿化覆盖率 H41	得分
北京	1	100.00	10.00	贵阳	19	28.82	2.88
海口	2	45.93	4.59	杭州	20	28.06	2.81
合肥	3	45.32	4.53	重庆	21	27.63	2.76
深圳	4	44.85	4.48	郑州	22	27.59	2.76
拉萨	5	44.49	4.45	乌鲁木齐	23	27.56	2.76
大连	6	44.02	4.40	太原	24	27.56	2.76
哈尔滨	7	42.65	4.27	济南	25	26.48	2.65
南京	8	42.65	4.27	青岛	26	24.57	2.46
石家庄	9	42.40	4.24	西宁	27	22.59	2.26
福州	10	38.80	3.88	长春	28	22.08	2.21
南宁	11	37.32	3.73	宁波	29	20.35	2.04
武汉	12	35.63	3.56	上海	30	20.07	2.01
厦门	13	33.29	3.33	西安	31	16.50	1.65
沈阳	14	32.89	3.29	呼和浩特	32	15.67	1.57
昆明	15	32.89	3.29	成都	33	14.34	1.43
广州	16	32.24	3.22	兰州	34	6.63	0.66
南昌	17	30.62	3.06	长沙	35	3.89	0.39
银川	18	29.50	2.95	天津	36	0.00	0.00

在城市生态绿化管理水平指标上，2015 年我国 36 个重点城市的平均得分为 3.10 分，总分 10 分。位于前十名的城市分别为：北京、海口、合肥、深圳、拉萨、大连、哈尔滨、南京、石家庄、福州。位于后十名的城市分别为：西宁、长春、宁波、上海、西安、呼和浩特、成都、兰州、长沙、天津。2015 年以来，全国城市园林绿地总量稳步增长，城市建成区绿化覆盖

率为40.1%，建成区绿地率为36.3%，人均公园绿地面积为12.95平方米。东中西部地区城市建成区绿化覆盖率呈现稳定或增长趋势。东部地区高于中部和西部地区；在城市建成区绿化覆盖率指标上，中部地区要高于西部地区。

（五）我国城市噪声管理水平最终排名

我国城市噪声管理水平最终排名如表5-11所示。

表5-11　36个城市噪声管理水平排名

城市	评分	城市噪声路段超标率 H51	等效声级 dBA H52	得分
厦门	1	92.58	76.71	4.92
北京	2	53.98	57.53	3.38
南昌	3	85.96	87.67	5.23
银川	4	83.81	87.67	5.18
西安	5	80.70	71.23	4.46
大连	6	70.99	86.30	4.87
天津	7	80.16	79.45	4.78
合肥	8	92.17	79.45	5.02
杭州	9	65.72	67.12	4.00
石家庄	10	99.60	91.78	5.66
福州	11	73.14	69.86	4.26
广州	12	70.58	61.64	3.88
海口	13	81.11	71.23	4.47
乌鲁木齐	14	97.03	100.00	5.94
青岛	15	70.45	68.49	4.15
拉萨	16	37.92	47.95	2.68
上海	17	68.15	50.69	3.39
武汉	18	58.84	53.42	3.31
深圳	19	66.67	57.53	3.63
呼和浩特	20	66.53	60.27	3.74
沈阳	21	37.11	47.95	2.66
长沙	22	28.48	53.42	2.71
哈尔滨	23	0.00	0.00	0.00
重庆	24	83.00	84.93	5.06

续表

城市	评分	城市噪声路段超标率 H51	等效声级 dBA H52	得分
太原	25	87.04	71.23	4.59
贵阳	26	47.77	54.79	3.15
成都	27	85.83	61.64	4.18
长春	28	50.74	54.79	3.21
南宁	29	70.04	64.38	3.98
宁波	30	78.27	71.23	4.41
济南	31	38.33	47.95	2.68
西宁	32	83.54	57.53	3.97
郑州	33	89.47	97.26	5.68
昆明	34	100.00	64.38	4.58
南京	35	84.35	76.71	4.76
兰州	36	73.95	63.01	4.00

在城市噪声管理水平指标上，2015年我国36个重点城市的平均得分为4.07分，总分6分。位于前十名的城市分别为：厦门、北京、南昌、银川、西安、大连、天津、合肥、杭州、石家庄。位于后十名的城市分别为：成都、长春、南宁、宁波、济南、西宁、郑州、昆明、南京、兰州。

（六）我国城市环境管理水平最终排名和地区分布

将上述各级指标加权统计之后，2015年36个重点城市环境管理水平的总排名如表5-12所示。

表5-12 36个城市环境管理水平排名

城市	排名	得分	城市	排名	得分
厦门	1	78.214798	合肥	8	72.235374
北京	2	75.227287	杭州	9	72.226433
南昌	3	74.804253	石家庄	10	71.985268
银川	4	74.096611	福州	11	71.389923
西安	5	72.8461	广州	12	70.998917
大连	6	72.567757	海口	13	70.693794
天津	7	72.28476	乌鲁木齐	14	70.303017

续表

城市	排名	得分	城市	排名	得分
青 岛	15	70.202583	贵 阳	26	67.140297
拉 萨	16	70.158752	成 都	27	66.541214
上 海	17	69.757149	长 春	28	66.112991
武 汉	18	69.574806	南 宁	29	65.803337
深 圳	19	69.155296	宁 波	30	64.254883
呼和浩特	20	68.969475	济 南	31	63.669075
沈 阳	21	68.739418	西 宁	32	62.052208
长 沙	22	68.494591	郑 州	33	60.064171
哈尔滨	23	68.253838	昆 明	34	57.79631
重 庆	24	68.143173	南 京	35	55.605465
太 原	25	68.058861	兰 州	36	52.127876

在城市环境管理水平指标上，2015 年我国 36 个重点城市的平均得分为 68.349 分，总分 100 分。位于前十名的城市分别为：厦门、北京、南昌、银川、西安、大连、天津、合肥、杭州、石家庄。位于后十名的城市分别为：成都、长春、南宁、宁波、济南、西宁、郑州、昆明、南京和兰州。

表 5-13　我国 36 个重点城市环境管理水平分项排名前十名和后十名分布

分布	城市固体废物管理水平		城市气体废物管理水平		城市液体废物管理水平	
	前十名	后十名	前十名	后十名	前十名	后十名
东部地区	5	1	4	5	4	5
中部地区	2	2	2	3	2	0
西部地区	2	6	4	0	2	5
东北地区	1	1	0	2	2	0

分布	城市固体废物管理水平		城市气体废物管理水平		城市液体废物管理水平	
	前十名	后十名	前十名	后十名	前十名	后十名
东部地区	6	3	5	3	5	3
中部地区	1	1	2	1	2	1
西部地区	1	5	2	5	2	5
东北地区	2	1	1	1	1	1

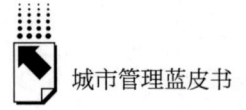

由表5-12和表5-13可以得出我国城市管理水平在地区的分布状况。

1. 在城市环境总体排名方面

在城市环境总体排名方面，东部地区城市的表现差异较大，但整体水平居前。在位居前十位的城市中，东部地区占据5席，分别是厦门（1）、北京（2）、天津（7）、杭州（9）和石家庄（10）；在位居后十位的城市中，东部地区占据3席，分别是宁波（30）、济南（31）和南京（35）。

西部地区城市总体排名靠后，整体管理水平落后。在位居前十位的城市中，西部地区只有银川（4）和西安（5）两座城市，但是在位居后十位的城市中，西部地区则有成都（27）、南宁（29）、西宁（32）、昆明（34）、兰州（36）等5座城市。

在总体排名上，中部地区和东北部地区城市表现一般。在位居前十位的城市中，中部地区有南昌（3）和合肥（8）两座城市，东北部地区只有大连（6）一座城市。在位居后十位的城市中，中部地区有郑州（33）一座城市，东北部地区也只有长春（28）一座城市。

2. 在城市固体废物管理水平方面

从城市固体废物管理水平来看，我国东部地区城市管理水平明显靠前，在排名前十位的城市中，东部地区的城市占据5席，分别是海口（1）、深圳（2）、济南（3）、天津（6）、上海（9）。在排名后10名的城市中，东部地区只有1席，北京（27）。

西部地区在城市固体废物管理水平上比较落后，这些城市多为资源型城市，其工业固体废物较多，而再利用的技术水平不够，因此工业固体废物利用率指标得分普遍偏低，拉低了总得分。因此，在城市固体废物管理水平排名前十位的城市中西部地区仅占据2席，分别是南宁（5）和成都（10）。在排名后十位的城市中，西部地区有6席，分别是重庆（28）、拉萨（29）、贵阳（33）、呼和浩特（34）、昆明（35）、兰州（36），其中呼和浩特和昆明的工业固体废物利用率指标上得分较低，拉低了总分，兰州则是因为其生活垃圾无害化处理率得分排名垫底。

此外，在固体废物管理水平排名前十的城市中，中部地区2席，武汉

(4)、南昌（7）；在排名后十名的城市中，中部地区2席，郑州（31）、太原（32）这两座城市在工业固体废物利用率指标上得分较低，拉低了总分。

东北部地区在这一指标上只有长春排名第8名，而大连排名第30位居后十名。

3. 在城市气体废物管理水平方面

从城市气体废物管理水平来看，我国西部地区城市气体废物管理水平明显靠前，在排名前十位的城市中，西部地区占据4席，分别是呼和浩特（1）、拉萨（3）、西安（4）和贵阳（5）。在排名后十位的城市中没有西部城市。

我国东部地区城市在气体废物管理方面差距最大，其中排在前十位城市中东部地区的城市占据4席，分别是厦门（2）、北京（6）、上海（8）和福州（10）。而排名后十位的城市中，东部地区占据5席，包括青岛（27）、南京（28）、海口（29）、石家庄（32）和济南（36）。其中石家庄和济南由于空气细颗粒物指标影响，总分落后，海口地区由于空气中二氧化硫降低水平指标得分只有0.04分大幅拉低总得分，排名落后。

中部地区呈现和东部地区相同的特点，城市管理水平差距悬殊，其中排名前十位的占据2席，太原（7）、南昌（9）。中部地区在后十位中占据3席，分别是合肥（30）、武汉（33）、郑州（35）。

东北部地区城市哈尔滨排名靠前位居第12位，大连第23位，而沈阳（31）、长春（34）落后，排在后十位。

4. 在城市液体废物管理水平方面

我国东部地区城市在液体废物管理方面差距最大，其中排在前十位城市中东部地区的城市占据4席，分别是天津（3）、厦门（4）、石家庄（7）、济南（8）。而排名后十位的城市中，东部地区占据5席包括福州（28）、北京（30）、深圳（32）、宁波（34）和南京（36）。其中深圳工业废水排放量减少比率指标得分和南京市污水厂集中处理率指标得分都偏低，从而大大地拉低这两座城市在该指标上的总得分。

西部地区在城市液体废物管理水平上比较落后，在城市液体废物管理水平排名前十位的城市中西部地区仅占据2席，分别是呼和浩特（1）和贵阳

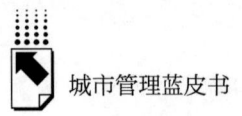

（2）。在排名后十位的城市中，西部地区有5席，分别是乌鲁木齐（27）、拉萨（29）、成都（31）、南宁（33）和西宁（35），其中，南宁和西宁的污水厂集中处理率指标得分偏低，拉低了总分，成都则是工业废水排放量减少比率指标得分较低。

此外，在液体废物管理水平排名前十的城市中，中部地区2席，武汉（9）、长沙（10），东北部地区2席，大连（5）、沈阳（6）。在排名后十名的城市中，这两个地区都没有。

5. 在城市生态绿化管理水平方面

在生态绿化管理水平方面，东部地区城市水平差异较大。东部地区有6座城市位于这一指标的前十名，分别是北京（1）、海口（2）、深圳（4）、南京（8）、石家庄（9）和福州（10）。其中排在这一指标后十名的城市有3座，分别是宁波（29）、上海（30）、天津（36）。

中部地区城市在该指标排名前十的城市只有合肥（3）一座城市，排名后十位的中部城市也只有长沙（35）一座城市，可见中部地区城市在这一指标上位居中游。

西部地区在生态绿化管理水平方面明显落后，在该指标排名前十的城市只有拉萨（5）一座城市，排名后十位的中部城市也只有西宁（27）、西安（31）、呼和浩特（32）、成都（33）、兰州（34）等5座城市。

东北城市在该指标方面表现不错，在该指标排名前十的城市有大连（6）、哈尔滨（7）两座城市，排名后十位的东北部城市也只有长春（28）一座城市。

6. 在城市噪声管理水平方面

在噪声管理水平方面，东部地区城市管理水平差距大，但是整体排名靠前，在排名前十的城市中，东部地区城市有厦门（1）、北京（2）、大连（6）、天津（7）和石家庄（10）等5座城市。在排名后十位的城市中，东部地区占据宁波（30）、济南（31）、南京（35）。

西部地区城市的情况和东部地区相同，但整体排名落后。在排名前十的城市中，西部地区有银川（4）和西安（5）两座城市。在排名后十位的城市中，西部地区有成都（27）、南宁（29）、西宁（32）、昆明（34）和兰州（36）等五座城市。

中部地区城市和东北地区城市在该指标上的表现比较均衡。在排名前十的城市中，中部地区有合肥（8）、南昌（3）两座城市。东北地区只有大连（6）一座城市。在排名后十位的城市中，中部地区只有郑州（33）一座城市，东北地区只有长春（28）一座城市。

附录　城市环境评价指标数据来源和评分原则

表5–14　36个城市固体废物管理评价指标数据来源及指标评分

城市	生活垃圾无害化处理率 H11(%)	工业固体废物利用率 H12(%)	指标评分原则
北　京	99.8	83.33	
天　津	99	98.58	
石家庄	95.41	98	
太　原	100	56	
呼和浩特	99.83	33	
沈　阳	100	92.2	
大　连	100	78.45	
长　春	100	96.5	城市指标得分=(城市指标值-指标最小值)/(指标最大值-指标最小值)×100%
哈尔滨	91.63	99.8	
上　海	100	96.15	
南　京	100	90.5	
杭　州	100	88.6	
宁　波	100	94.8	
合　肥	100	91.65	
福　州	97.81	95.35	
厦　门	100	93.1	
南　昌	100	97.1	
济　南	100	99.38	

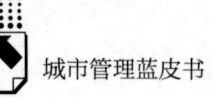

续表

城市	生活垃圾无害化处理率 H11(%)	工业固体废物利用率 H12(%)	指标评分原则
青岛	100	93.76	
郑州	100	77.36	
武汉	100	97.96	
长沙	100	86.2	
广州	95.24	95.15	
深圳	100	99.86	
南宁	98.17	99.92	
海口	100	99.99	城市指标得分=(城市指标值-指标最小值)/(指标最大值-指标最小值)×100%
重庆	98.85	84.45	
成都	100	96.06	
贵阳	95.13	48.15	
昆明	93.26	36.36	
拉萨	97		
西安	98.09	90.82	
兰州	19.65	98.4	
西宁	95.27	96.4	
银川	100	94.6	
乌鲁木齐	95.8	90.37	

数据来源：《2016 城市发展年鉴》。

表5-15　36个城市工业二氧化硫排放降低指标（H21）数据及评分

城市	2010年排放(吨)	2014年排放(吨)	2015年排放(吨)	排放降低百分比(%)	指标评分原则
北京	5684	40347	22070	0.453	
天津	217620	195395	154605	0.209	
石家庄	137934	156030	113652	0.272	城市指标得分=(城市指标值-指标最小值)/(指标最大值-指标最小值)×100%
太原	94233	83648	64656	0.227	
呼和浩特	74041	91360	67279	0.264	
沈阳	77385	131344	97839	0.255	
大连	78866	94370	95796	-0.015	

续表

城市	2010年排放(吨)	2014年排放(吨)	2015年排放(吨)	排放降低百分比(%)	指标评分原则
长 春	60528	56210	52369	0.068	
哈尔滨	54000	60028	49346	0.178	
上 海	221476	155360	104900	0.325	
南 京	115507	103949	101021	0.028	
杭 州	88682	80349	63814	0.206	
宁 波	109840	118102	101980	0.137	
合 肥	31988	42364	40829	0.036	
福 州	93635	56385	55370	0.018	
厦 门	44454	16144	17028	-0.055	
南 昌	30636	37049	30399	0.179	
济 南	70297	67842	70327	-0.037	
青 岛	86190	64029	64029	0.000	
郑 州	116857	120909	106498	0.119	城市指标得分=(城市指标值-指标最小值)/(指标最大值-指标最小值)×100%
武 汉	87256	84500	75035	0.112	
长 沙	54678	19576	15952	0.185	
广 州		56527	47846	0.154	
深 圳	32641	8079	4132	0.489	
南 宁	65696	32077	30678	0.044	
海 口	92	1773	2517	-0.420	
重 庆	572747	474805	426800	0.101	
成 都	61928	50754	37224	0.267	
贵 阳	84508	70533	57192	0.189	
昆 明	94265	61456	74017	-0.204	
拉 萨	—	—	—	—	
西 安	81504	62604	38691	0.382	
兰 州	69800	67616	61240	0.094	
西 宁	72874	66772	57696	0.136	
银 川	24150	67563	64883	0.040	
乌鲁木齐	94146	71251	58978	0.172	

数据来源:《2016经济发展年鉴》,第540页。

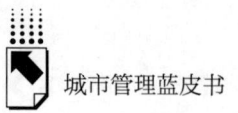

表 5 – 16　36 个城市工业烟尘排放降低指标数据及评分

	工业烟尘排放降低比例 H22				指标评分原则
	2010 年（吨）	2014 年（吨）	2015 年（吨）	排放降低百分比（%）	
北　京	21266	22710	12987	0.428	
天　津	53831	112129	73795	0.342	
石家庄	32631	104277	87128	0.164	
太　原	34814	59441	34473	0.420	
呼和浩特	12731	67616	37983	0.438	
沈　阳	60363	83226	84871	-0.020	
大　连	24171	72465	54112	0.253	
长　春	94173	70944	80781	-0.139	
哈尔滨	30000	130401	67433	0.483	
上　海	41793	131433	111400	0.152	
南　京	33788	96177	84128	0.125	
杭　州	30860	70346	49176	0.301	
宁　波	28386	30577	28128	0.080	
合　肥	10604	106284	85036	0.200	
福　州	8590	105712	90911	0.140	
厦　门	2252	4561	2414	0.471	
南　昌	6264	29435	24818	0.157	城市指标得分 =（城市指标值 - 指标最小值）/（指标最大值 - 指标最小值）× 100%
济　南	19709	90082	92900	-0.031	
青　岛	12334	32196	28767	0.107	
郑　州	45011	70053	71794	-0.025	
武　汉	12537	21600	20811	0.037	
长　沙	24746	17323	11641	0.328	
广　州		10006	9227	0.078	
深　圳	912	725	1079	-0.488	
南　宁	24506	27563	26008	0.056	
海　口	93	998	854	0.144	
重　庆	102132	214774	196416	0.085	
成　都	28901	25574	20607	0.194	
贵　阳	12601	29669	23545	0.206	
昆　明	7905	26161	24533	0.062	
拉　萨	—	—	—		
西　安	16675	21985	16444	0.252	
兰　州	9356	63801	45209	0.291	
西　宁	21034	71622	61783	0.137	
银　川	8329	27473	18795	0.316	
乌鲁木齐	32993	77076	45969	0.404	

数据来源于《2016 经济发展年鉴》，第 547 页。

表5–17 36个城市细颗粒物（PM$_{2.5}$）年平均浓度（微克/立方米）指标数据及评分

细颗粒物(PM$_{2.5}$)年平均浓度(微克/立方米)		
城市	数据	指标评分原则
北　京	81	
天　津	70	
石 家 庄	89	
太　原	62	
呼 和 浩 特	43	
沈　阳	72	
大　连	48	
长　春	66	
哈 尔 滨	70	
上　海	53	
南　京	57	
杭　州	57	
宁　波	45	
合　肥	66	
福　州	29	
厦　门	29	
南　昌	43	城市指标得分 =（城市指标值 – 指标最小值)/(指标最大值 – 指标最小值)×100%
济　南	90	
青　岛	52	
郑　州	96	
武　汉	70	
长　沙	61	
广　州	39	
深　圳	30	
南　宁	41	
海　口	22	
重　庆	57	
成　都	64	
贵　阳	39	
昆　明	30	
拉　萨	26	
西　安	58	
兰　州	52	
西　宁	49	
银　川	51	
乌 鲁 木 齐	66	

数据来源：《2016经济发展年鉴》，第547页。

表5-18 36个城市液体废物管理评价指标数据来源及指标评分

城市	污水处理厂集中处理率 H31 2015年	工业废水排放量及减少比率 H32			指标评分原则
		2014年排放（吨）	2015年排放（吨）	排放降低比率（%）	
北 京	87.9	9174	8978	0.021364726	
天 津	99	19011	18973	0.001998843	
石 家 庄	95.42	24024	21964	0.085747586	
太 原	93.24	3975	3544	0.108427673	
呼和浩特	91.59	7249	3111	0.570837357	
沈 阳	95	9134	7990	0.125246332	
大 连	95	40150	34565	0.139103362	
长 春	90	5564	3769	0.322609633	
哈 尔 滨	90.14	5188	4809	0.0730532	
上 海	91	43939	46900	-0.06738888	
南 京	64.49	21561	23216	-0.076758963	
杭 州	94.28	35370	33807	0.044189992	
宁 波	79.44	16546	16098	0.02707603	
合 肥	92.12	6920	5335	0.229046243	
福 州	88.2	4681	4439	0.051698355	
厦 门	93.62	27380	21398	0.218480643	
南 昌	97.72	8656	10016	-0.157116451	城市指标得分=（城市指标值-指标最小值）/（指标最大值-指标最小值）×100%
济 南	95.85	7880	7415	0.059010152	
青 岛	95.86	10989	10566	0.038493038	
郑 州	96.04	14704	19394	-0.318960827	
武 汉	95	17097	15452	0.09621571	
长 沙	99.8	4397	5102	-0.160336593	
广 州	92.09	19181	18608	0.029873312	
深 圳	96.63	12115	19077	-0.574659513	
南 宁	76.75	9087	7198	0.207879388	
海 口		776	697	0.101804124	
重 庆	93.67	34968	35524	-0.015900252	
成 都		10064	11454	-0.138116057	
贵 阳	98.5	2895	2700	0.067357513	
昆 明	91.97	3747	3917	-0.045369629	
拉 萨	—	—	—	—	
西 安	91.82	6340	5204	0.179179811	
兰 州	88.96	4563	4138	0.093140478	
西 宁	74.44	2555	2200	0.138943249	
银 川	93.8	5496	4874	0.113173217	
乌鲁木齐	84.23	4849	3521	0.273870901	

数据来源：《2016经济发展年鉴》，第540页。

表5-19　36个城市城市生态绿化管理评价指标数据来源及指标评分

城市	H41 建成区绿化覆盖率(%)	指标评分原则
北　京	60.41	
天　津	32.65	
石家庄	44.42	
太　原	40.3	
呼和浩特	37	
沈　阳	41.78	
大　连	44.87	
长　春	38.78	
哈尔滨	44.49	
上　海	38.22	
南　京	44.49	
杭　州	40.44	
宁　波	38.3	
合　肥	45.23	
福　州	43.42	
厦　门	41.89	城市指标得分=(城市指标值-指标最小值)/(指标最大值-指标最小值)×100%
南　昌	41.15	
济　南	40	
青　岛	39.47	
郑　州	40.31	
武　汉	42.54	
长　沙	33.73	
广　州	41.6	
深　圳	45.1	
南　宁	43.01	
海　口	45.4	
重　庆	40.32	
成　都	36.63	
贵　阳	40.65	
昆　明	41.78	
拉　萨	45	
西　安	37.23	
兰　州	34.49	
西　宁	38.92	
银　川	40.84	
乌鲁木齐	40.3	

数据来源：《2016经济发展年鉴》，第540页。

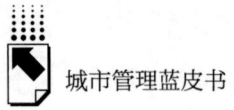

表 5-20 36 个城市噪声环境管理评价指标数据来源及指标评分

城市	城市噪声路段超标率(%)	等效声级 dBA	指标评分原则
北　京	43.1	69.3	
天　津	23.7	67.7	
石家庄	9.3	66.8	
太　原	18.6	68.3	
呼和浩特	33.8	69.1	
沈　阳	55.6	70	
大　连	30.5	67.2	
长　春	45.5	69.5	
哈尔滨	83.1	73.5	
上　海	32.6	69.8	
南　京	20.6	67.9	
杭　州	34.4	68.6	
宁　波	25.1	68.3	
合　肥	14.8	67.7	
福　州	28.9	68.4	
厦　门	14.5	67.9	城市指标得分 = (城市指标值 - 指标最小值)/(指标最大值 - 指标最小值) ×100%
南　昌	19.4	67.1	
济　南	54.7	70	
青　岛	30.9	68.5	
郑　州	16.8	66.4	
武　汉	39.5	69.6	
长　沙	62	69.6	
广　州	30.8	69	
深　圳	33.7	69.3	
南　宁	31.2	68.8	
海　口	23	68.3	
重　庆	21.6	67.3	
成　都	19.5	69	
贵　阳	47.7	69.5	
昆　明	9	68.8	
拉　萨	55	70	
西　安	23.3	68.3	
兰　州	28.3	68.9	
西　宁	21.2	69.3	
银　川	21	67.1	
乌鲁木齐	11.2	66.2	

数据来源：《2016 经济发展年鉴》，第 540 页。

B.6 中国重点城市基础设施管理评价报告

周秀玲　尚晋刚*

摘　要： 城市基础设施作为城市综合服务功能的工具和载体，对城市的形成和发展具有非常重要的作用，也是衡量一个城市现代化水平高低的重要因素之一。报告对城市的基础设施进行了概念解析和分类，从水电气供应设施、道路交通设施和邮电通信设施三个方面构建了城市基础设施管理水平的指标体系，并根据现有数据对城市基础设施管理水平进行了综合评价和深入分析，以期对城市后续的基础设施管理工作提供一定的借鉴。

关键词： 城市基础设施　层次分析法　基础设施评价

一　研究背景和意义

随着经济和社会的快速发展，我国城镇化率呈现逐年上升的趋势，如图6-1所示。国家统计局数据显示，截至2016年，我国城镇化率已经达到57.35%。然而，这种快速的城市化进程超过了城市基础设施以及城市环境等的承受能力，从而使得交通堵塞、大气污染、配套设施老旧等"城市病"

---

* 周秀玲，北京城市学院，工学博士，研究方向：城市信息；尚晋刚，北京城市学院，工学硕士，研究方向：城市信息。

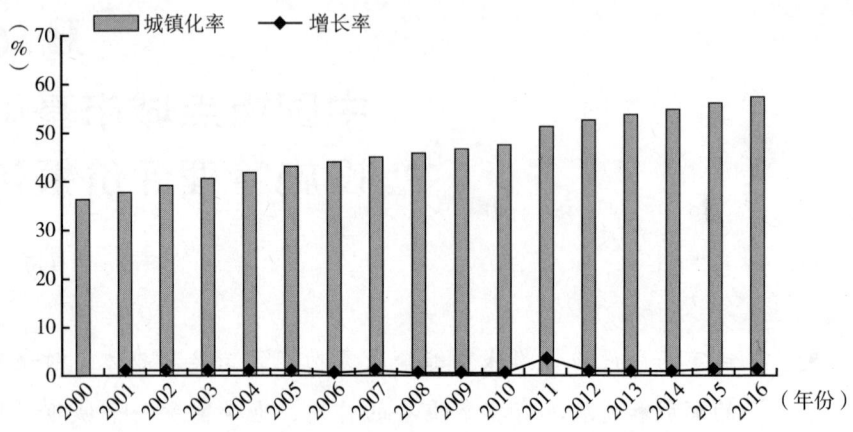

图 6-1　中国 2000~2016 年城镇化率和增长率

数据来源：国家统计局。

开始显现。

城市基础设施作为城市综合服务功能的工具和载体，对城市的形成和发展具有非常重要的作用，也是衡量一个城市现代化水平高低的重要因素之一。城市化进程和城市基础设施密切相关，一方面，城市化快速推进需要完善配套的城市基础设施；另一方面，完善的城市基础设施可以促进城市发展速度加快。2013 年，国务院印发《关于加强城市基础设施建设的意见》，首次对城市基础设施建设提出政策和意见，是促进民生改善和经济持续健康发展的重要举措。2017 年国民经济和社会发展统计公报中显示，2017 年全国全社会固定资产投资（不含农户）额为 596501 亿元，增长 8.1%，基础设施投资 118878 亿元，增长 17.4%，占固定资产投资（不含农户）的比重为 19.9%。

随着城市基础设施投资不断增长，其相应的管理也面临着很多问题和困难。首先，部分基础设施项目属于盲目投资。由于缺乏深入细致的调查研究，或者追求形象和规模，而忽略了实际需求和效益，导致决策失误，投资巨大但效率低下，造成资源浪费。其次，城市基础设施建设和城市发展之间不协调。城市基础设施建设资金主要来源于政府投资，随着城市人口的不断增加，城市的发展速度远远快于基础设施的建设速度，从而使得各种"城市病"开始出现。最后，城市基础设施各子系统之间发展不均衡，各系统之间相互协同能力较差。

由于在现有的城市基础设施建设中存在各种各样的问题，因此城市基础设施管理水平迫切需要提升。而要提升城市基础设施管理水平，就需要研究科学合理的评价指标体系，对城市基础设施管理目前所位于的层次和水平进行评价。在此基础上，分析其优势和不足，制定相应的城市基础设施管理措施，进而对城市基础设施的建设进行指导，使得城市基础设施建设乃至城市社会和经济健康持续发展。

二 城市基础设施的概念和分类

（一）城市基础设施的概念

在《中国经济大词典》中，基础设施定义为："为生产、流通等部门提供服务的各个部门和设施，包括运输、通信、供水、文化、教育、科研以及公共服务设施。"在《辞海》中，基础设施定义为："为工业、农业等生产部门提供服务的各种基础设施，包括铁路、公路、港口、桥梁等部门的建设。"

在1998年中国建设部颁布的《城市规划基本术语标准》中，城市基础设施正式定义为："城市生存和发展所必须具备的工程性基础设施和社会性基础设施的总称。"也就是说，城市基础设施主要包括两类：工程性基础设施和社会性基础设施。工程性基础设施主要指能源供应、交通运输、给水排水、邮电通信、环境保护、防灾安全等工程设施。

（二）城市基础设施的分类

城市基础设施主要包含如下六大系统。详细内容见图6-2。

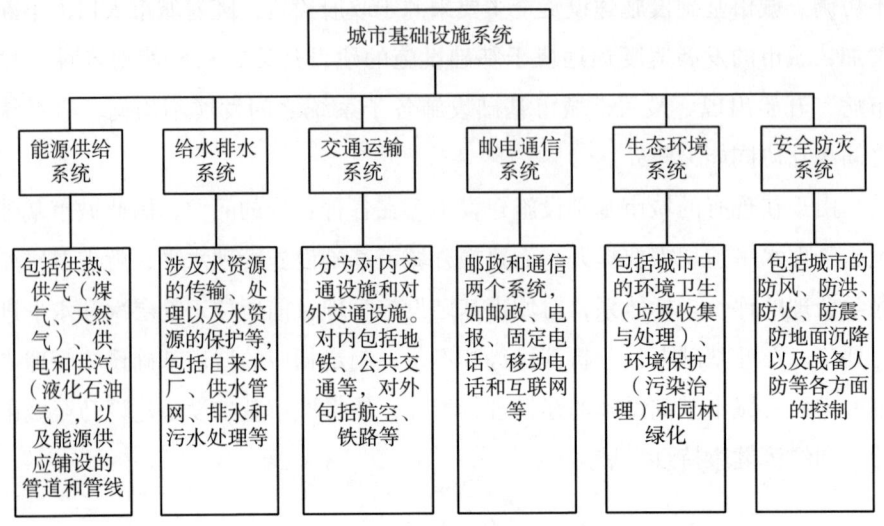

图6-2 城市基础设施系统框架

三 城市基础设施管理水平指标体系构建和现状分析

(一) 城市基础设施管理水平指标体系构建

城市基础设施管理,是指对以保障城市安全高效运行为目的而规划建设的各种工程及相关配套设施的管理,本文主要研究三大方面的管理:①水电气供应设施;②道路交通设施;③邮电通信设施。为了消除人口总量对管理水平的影响,各类基础设施的人均供有量,即供有量除以人口总量,用来反映各城市基础设施的管理水平。从数据的可获得性和指标测度的全面性两个方面综合考虑,我们合成了三大指数来综合体现城市基础设施管理水平:①水电气设施指数:包括人均供水能力、人均供电能力和人均供气能力三个指标;②道路交通设施指数:包括人均道路面积和万人拥有公共汽车量两个指标;③邮电通信设施指数:包括万人移动电话用户数和万人互联网用户数两个指标。

城市基础设施管理水平指标体系和计算方法如表6-1所示。在原始统计数据里，大部分是城市的总量数据，为了消除城市大小和人口的影响，故总量数据要除以该城市的人口总量，得到人均数据。人均供水能力、人均供气能力、人均供电能力、万人移动电话用户数和万人互联网用户数都是这样得到的。

表6-1 城市基础设施管理水平指标体系和计算方法

一级指标	二级指标	三级指标	计算公式
基础设施管理水平（S）	水电气设施（S1）	人均供水能力（S11）	供水总量/总人口
		人均供气能力（S12）	供气总量/总人口
		人均供电能力（S13）	供电总量/总人口
	道路交通设施（S2）	人均城市道路面积（S21）	城市道路总面积/总人口
		万人拥有公共汽车量（S22）	公共汽车总量/总人口×10000
	邮电通信设施（S3）	万人移动电话用户数（S31）	移动电话用户数/总人口×10000
		万人互联网用户数（S32）	互联网用户数/总人口×10000

（二）评价城市和数据来源

本文选择36个重点城市进行城市基础设施管理水平评价和排名，其中包括4个直辖市、27个省会城市和5个计划单列市。具体如表6-2所示。

表6-2 36个重点城市的名称

分类	数量	城市
直辖市	4	北京、上海、天津、重庆
省会城市	27	石家庄、太原、呼和浩特、沈阳、长春、哈尔滨、南京、杭州、合肥、福州、南昌、济南、郑州、武汉、长沙、广州、南宁、海口、成都、贵阳、昆明、拉萨、西安、兰州、西宁、银川、乌鲁木齐
计划单列市	5	大连、青岛、宁波、厦门、深圳

根据图书馆所能查找到的纸质资料和网上数据库所能查到的电子资料，原始数据主要来自《中国统计年鉴2016》《中国城市统计年鉴2016》《中国城市建设统计年鉴2015》（数据为2015年数据），各城市统计年鉴（2016

年出版），以及各城市 2015 年国民经济和社会发展统计公报，采用指标的数据主要为各城市的 2015 年的数据。对于极个别的缺失数据，采用类似数据或相邻年份数据进行估计。例如，拉萨市 2015 年供气总量缺失，利用 2014 年供气总量来替代；拉萨市 2015 年互联网用户数缺失，利用中国政府网上西藏互联网用户数 187 万户，按照人口比例进行估算。原始数据见本篇附录。

（三）城市基础设施管理水平现状

从水电气设施现状、道路交通设施现状和邮电通信设施现状 3 个层面入手，对我国 36 个重点城市进行对比分析，了解我国城市基础设施建设和管理水平现状。

1. 水电气设施管理水平现状

水电气设施的开发和利用是居民生活、社会生产的物质基础。水电气设施管理水平的提升是城市可持续发展的重要保障。

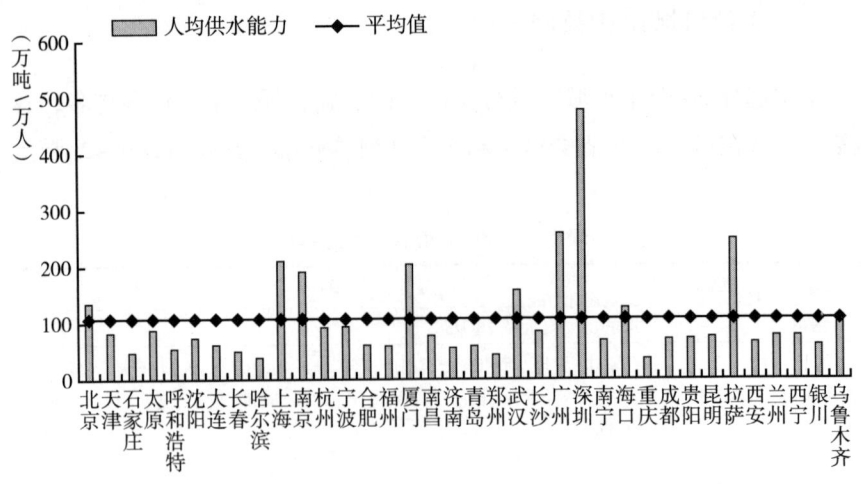

图 6-3 36 个重点城市人均供水能力（2015）

2015 年，我国 36 个重点城市的人均供水能力平均值为 106.99 万吨/万人。在 36 个城市中，有 10 个城市的人均供水能力处于平均水平之上的，分别为北京、上海、南京、厦门、武汉、广州、深圳、海口、拉萨、乌鲁木齐。深圳市人均供水能力为478.04万吨/万人,居于36个重点城市首位;广州市人均供水能力为259.36万吨/万人,位列第二。重庆市人均供水能力为36.03万吨/万人,位居最后一位,和其他各城市有很大的差距,急需加强重视。人均供水能力最多城市是最少城市的13.27倍。

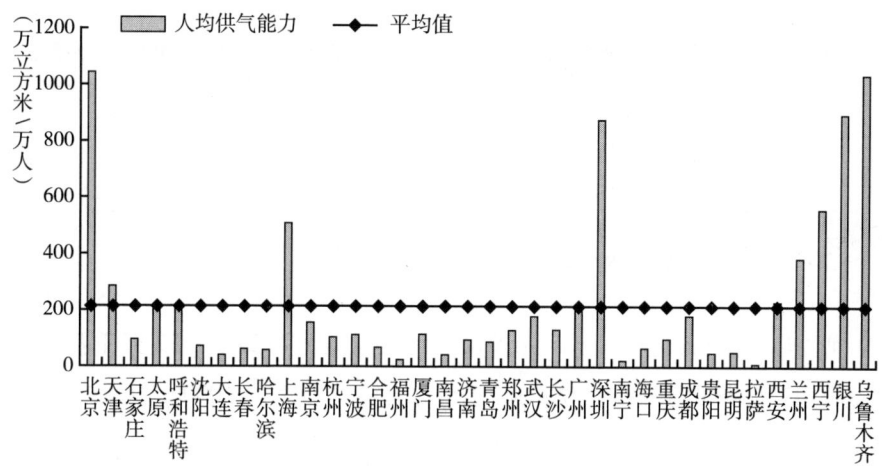

图6-4　36个重点城市人均供气能力（2015）

2015年,我国36个重点城市的人均供气能力平均值为240.40万立方米/万人。在36个城市中,有8个城市的人均供气能力处于平均水平之上的,分别为北京、天津、上海、深圳、兰州、西宁、银川和乌鲁木齐。处于平均水平之上的城市和平均水平之下的城市的人均供气能力差异性比较大。北京市人均供气能力为1053.79万立方米/万人,居于36个重点城市首位;乌鲁木齐市人均供气能力为1046.24万立方米/万人,位列第二。拉萨市人均供气能力为12.39万立方米/万人,位居最后一位。人均供气能力最多城市北京市是最少城市拉萨市的84.44倍。

2015年,我国36个重点城市的人均供电能力平均值为4987.37万千瓦时/万人。在36个城市中,有13个城市的人均供电能力处于平均水平之上的,分别为北京、天津、太原、上海、南京、杭州、宁波、厦门、广州、深

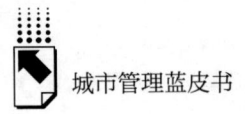

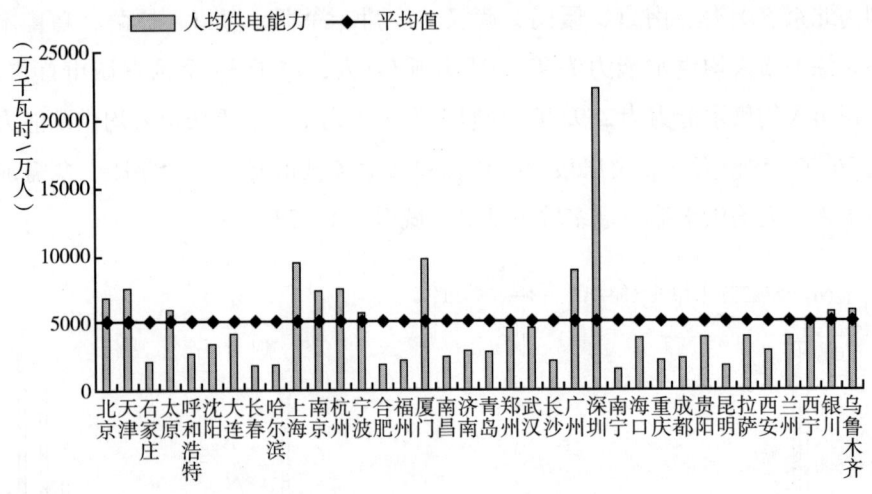

图6-5 36个重点城市人均供电能力（2015）

圳、西宁、银川和乌鲁木齐。深圳市人均供电能力为22973.72万千瓦时/万人，居于36个重点城市首位；厦门市人均供电能力为10006.79万千瓦时/万人，位列第二。南宁市人均供电能力为1577.27万千瓦时/万人，居最后一位。人均供电能力最多城市是最少城市的14.57倍。

2. 道路交通设施管理水平现状

道路交通系统是城市居民参加各项社交活动的载体和工具，是城市经济和社会发展的基础。

2015年，我国36个重点城市的人均道路面积平均值为15.73平方米/人。在36个城市中，有13个城市的人均道路面积处于平均水平之上，分别为呼和浩特、沈阳、长春、南京、合肥、厦门、济南、青岛、武汉、深圳、昆明、拉萨和银川。拉萨市人均道路面积为44.57平方米/人，居于36个重点城市首位；北京市人均道路面积仅为7.46平方米/人，居最后一位。人均道路面积最大值和最小值之间的差额为37.11平方米/人。

在人均道路面积层面，北京位于城市之末，拉萨位于城市之首，这是由于北京市作为我国的首都，作为"政治、文化、国际交往和科技创新"的四个中心之地，其优质的资源吸引了大量外来人口的涌入，总人口数量的增

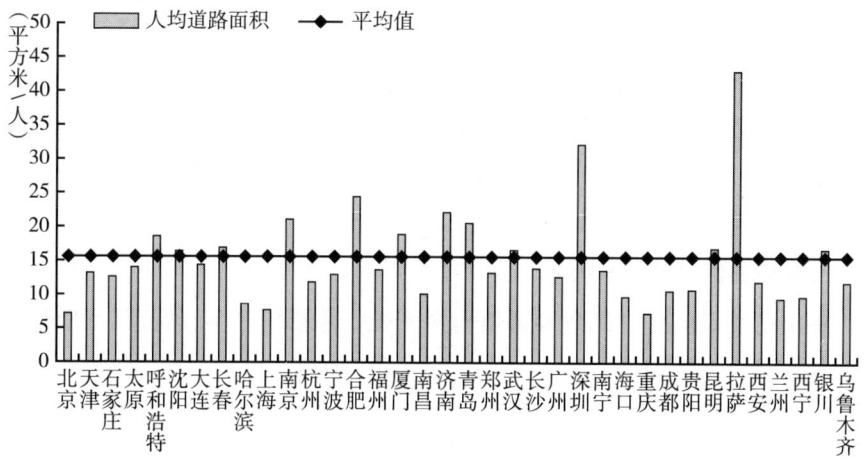

图 6-6　36 个重点城市人均道路面积（2015）

加降低了人均道路面积的数值。而拉萨市总人口在 36 个重点城市中最小，从而提升了其人均道路面积的数值。

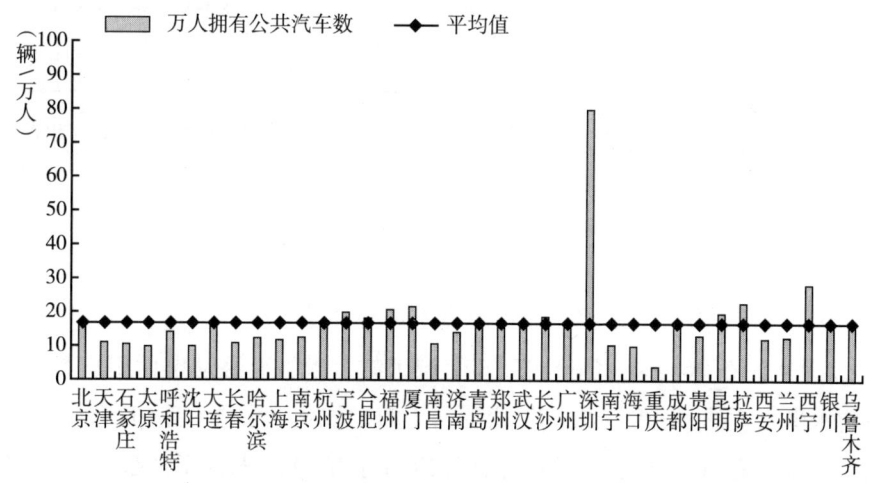

图 6-7　36 个重点城市万人拥有公共汽车量（2015）

2015 年，我国 36 个重点城市的万人拥有公共汽车量平均值为 17.49 辆/万人。在 36 个城市中，有 14 个城市的万人拥有公共汽车量处于平均水平之上的，分别为杭州、宁波、合肥、福州、厦门、青岛、郑州、长沙、深圳、昆明、拉萨、西宁、银川和乌鲁木齐。深圳市万人拥有公共汽车量为89.34辆/万人，居于36个重点城市首位；重庆市万人拥有公共汽车量仅为4.11辆/万人，居最后一位。万人拥有公共汽车量最多城市深圳市是最少城市重庆市的21.74倍。

3. 邮电通信设施管理水平现状

邮电通信设施包含邮政和通信两个系统，主要用来实现城市居民间各种信息的传递。

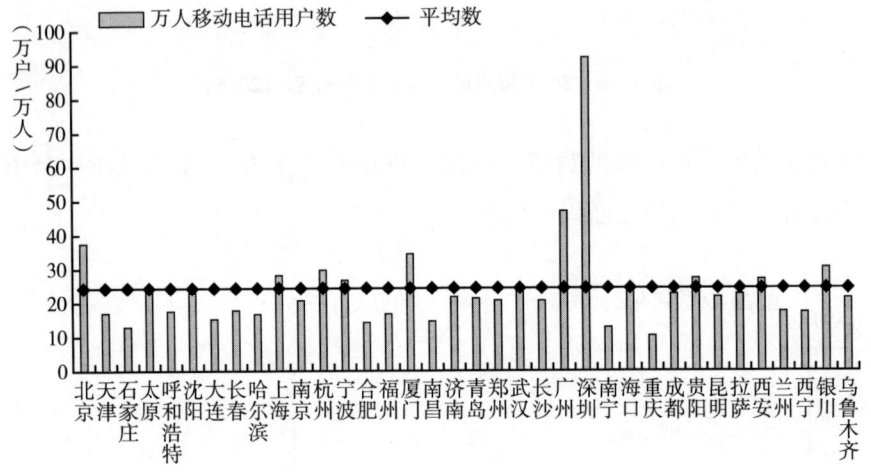

图6-8　36个重点城市万人拥有移动电话用户数（2015）

2015年，我国36个重点城市的万人拥有移动电话用户数平均值为1.94万户/万人。在36个城市中，有12个城市的万人拥有移动电话用户数处于平均水平之上的，分别为北京、太原、上海、杭州、宁波、厦门、广州、深圳、海口、贵阳、西安、银川。深圳市万人拥有移动电话用户数为7.38万户/万人，居于36个重点城市首位；重庆市万人拥有移动电话用户数仅为0.83万户/万人，居最后一位。万人拥有移动电话用户数最多城市是最少城市的26.19倍。

2015年，我国36个重点城市的万人拥有互联网用户数平均值为0.39

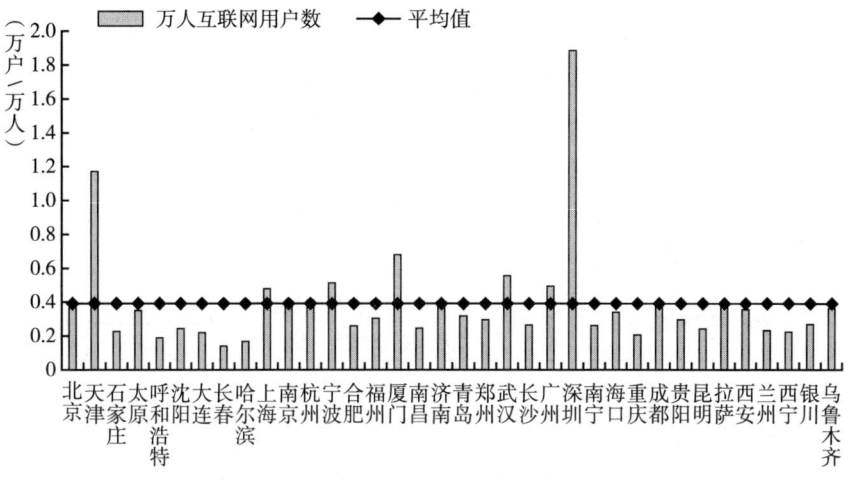

图 6-9 36 个重点城市万人拥有互联网用户数（2015）

万户/万人。在 36 个城市中，有 8 个城市的万人拥有互联网用户数处于平均水平之上的，分别为天津、上海、杭州、宁波、厦门、武汉、广州和深圳。深圳市万人拥有互联网用户数为 1.89 万户/万人，居于 36 个重点城市首位；长春市万人拥有互联网用户数仅为 0.14 万户/万人，居最后一位。万人拥有互联网最多城市是最少城市的 13.5 倍。

四 基于层次分析法的我国重点城市基础设施管理水平评价

（一）评价方法

1. 层次分析法

本研究采用层次分析法作为评价方法。首先通过专家打分，集成专家的意见，对层次分析法中的两两比较矩阵进行赋值，然后通过计算得到各层每项指标的权重，通过从下往上逐层递推得到最后一层指标相对于最上层的综合权重，最后进行一致性检验。利用层次分析法，我们得到如表 6-3 所示的权重设置。

表6-3 各级指标权重和综合权重

一级指标	二级指标	二级指标权重	三级指标	三级指标权重	综合权重
基础设施管理水平（S）	水电气设施(S1)	0.5	人均供水能力(S11)	0.3333	0.1667
			人均供气能力(S12)	0.3333	0.1666
			人均供电能力(S13)	0.3333	0.1667
	道路交通设施(S2)	0.25	人均城市道路面积(S21)	0.6	0.1500
			万人拥有公共汽车量(S22)	0.4	0.1000
	邮电通信设施(S3)	0.25	万人移动电话用户数(S31)	0.5	0.1250
			万人互联网用户数(S32)	0.5	0.1250

2. 数据预处理

由于城市基础设施管理水平各项指标数据具有不同量纲，因此，有必要对这些数据进行预处理，使其成为无量纲数据。

相关指标可以分为两类：正向指标和逆向指标。正向指标是指假定直接评价的三级指标与最终评价的一级指标呈正向线性关系，即该指标数据越大越好。逆向指标是指直接评价的三级指标与最终评价的一级指标呈负向线性关系，即该指标数据越小越好。

对于正向指标，数据预处理的计算公式如下：

$$y_i = 100 \times \frac{x_i - \min(x_i)}{\max(x_i) - \min(x_i)}$$

对于逆向指标，为了使其数据与正向指标数据有一样的表示（越大越好），其数据预处理的计算公式如下：

$$y_i = 100 \times \frac{\max(x_i) - x_i}{\max(x_i) - \min(x_i)}$$

其中，y_i 为预处理后无量纲的数据，x_i 为该指标的原始值，$\max(x_i)$ 为该指标的最大样本值，$\min(x_i)$ 为该指标的最小样本值。

（二）二级指标单项分值和排名

1. 水电气设施管理水平分值和排名

水电气设施管理水平分值和排名如表6-4和图6-10所示。

表6-4 36个城市水电气设施管理水平分值和排名

城市	分值	排名	城市	分值	排名
深 圳	94.454	1	西 安	16.612	19
上 海	71.487	2	贵 阳	15.547	20
北 京	68.14	3	大 连	14.883	21
广 州	66.156	4	沈 阳	14.721	22
乌鲁木齐	60.628	5	呼和浩特	13.649	23
厦 门	58.977	6	成 都	13.543	24
南 京	49.328	7	长 沙	13.201	25
银 川	48.427	8	济 南	10.784	26
拉 萨	39.484	9	青 岛	10.698	27
天 津	38.896	10	南 昌	10.569	28
西 宁	37.53	11	昆 明	7.871	29
武 汉	34.582	12	合 肥	6.87	30
杭 州	34.144	13	石家庄	6.738	31
太 原	31.421	14	福 州	6.467	32
宁 波	27.704	15	重 庆	5.452	33
兰 州	27.293	16	南 宁	5.053	34
海 口	23.546	17	长 春	4.85	35
郑 州	16.634	18	哈尔滨	3.313	36

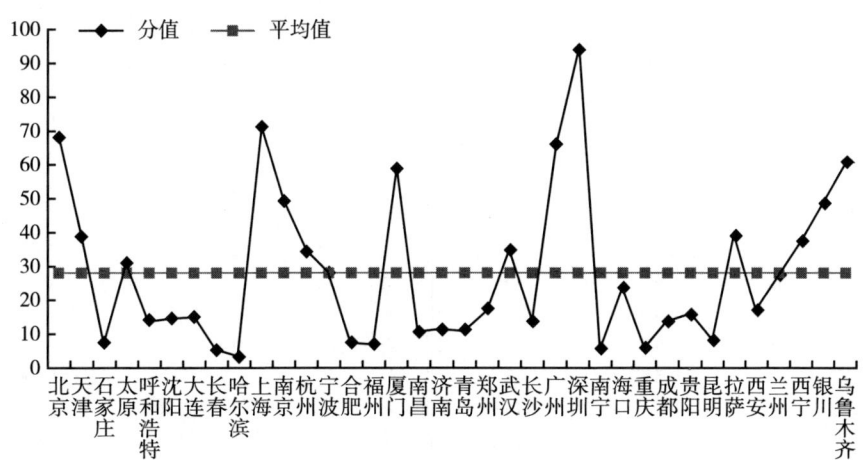

图6-10 36个城市水电气设施管理水平分值

在水电气设施管理水平分项指标上，2015年我国36个重点城市的平均得分为28.05分。位于前六名的城市分别为：深圳、上海、北京、广州、乌鲁木齐和厦门。位于最后一名的为哈尔滨。深圳市，在人均供水能力和人均供电能力方面位居第一，在人均供气能力方面位居第三，这三项加权平均后得到水电气设施管理水平，位居36个城市之首；上海市，人均供电能力方面位居第三，人均供水能力位居第四，加权平均后得水电气设施管理水平位居第二；北京市在人均供气能力方面位居第一，广州市人均供水能力位居第二，厦门市人均供电能力位居第二，乌鲁木齐市人均供气能力位居第二，这些使得这些城市在水电气设施管理水平方面分别位于36个重点城市的第三名到第六名。哈尔滨市，人均供水能力位于倒数第二，人均供气能力倒数第七，人均供电能力倒数第四，加权平均后得水电气设施管理水平，居36个重点城市倒数第一。

2. 道路交通设施管理水平分值和排名

道路交通设施管理水平分值和排名如表6-5和图6-11所示。

表6-5　36个城市道路交通设施管理水平分值和排名

城市	分值	排名	城市	分值	排名
拉　萨	89.284	1	广　州	27.856	19
深　圳	81.86	2	长　春	27.048	20
合　肥	51.077	3	杭　州	26.035	21
厦　门	47.273	4	沈　阳	24.708	22
青　岛	43.77	5	成　都	24.245	23
西　宁	42.43	6	天　津	21.018	24
昆　明	40.933	7	西　安	20.96	25
济　南	40.885	8	南　宁	20.831	26
银　川	37.191	9	太　原	20.529	27
福　州	36.998	10	贵　阳	20.39	28
南　京	36.566	11	北　京	20.185	29
呼和浩特	34.936	12	石家庄	19.21	30
宁　波	34.517	13	兰　州	17.523	31
长　沙	34.283	14	南　昌	15.467	32
武　汉	34.148	15	哈尔滨	15.438	33
大　连	32.4	16	海　口	13.861	34
郑　州	31.531	17	上　海	12.904	35
乌鲁木齐	29.148	18	重　庆	0.194	36

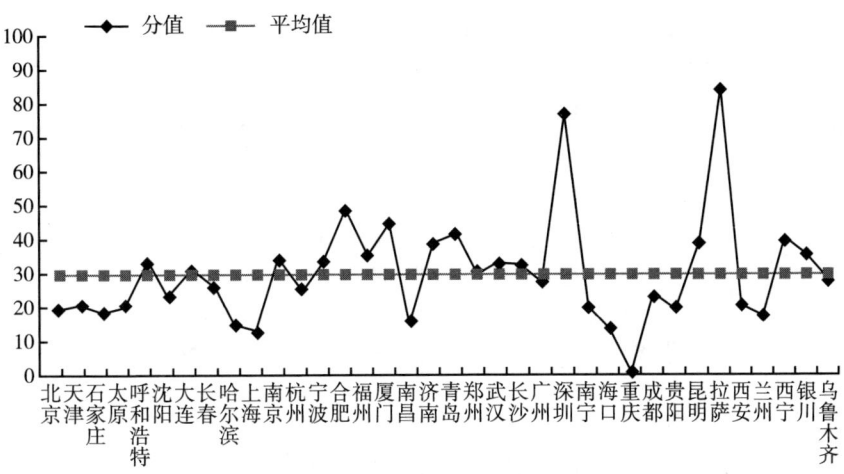

图 6-11　36 个城市道路交通设施管理水平分值

在道路交通设施管理水平分项指标上，2015 年我国 36 个重点城市的平均得分为 31.32 分。位于前六名的城市分别为：拉萨、深圳、合肥、厦门、青岛和西宁。位于最后一名的为重庆。拉萨市，在人均道路面积方面位居第一，在万人拥有公共汽车量方面位居第三，这两项加权平均后得到道路交通设施管理水平，位居 36 个城市之首；深圳市，在万人拥有公共汽车数量方面位居第一，在人均道路面积方面位居第二，加权平均后得道路交通设施管理水平位居第二名；重庆市，人均道路面积位居倒数第二，万人拥有公共汽车量倒数第一，加权平均后得道路交通设施管理水平，位于 36 个重点城市倒数第一。

3. 邮电通信设施管理水平分值和排名

邮电通信设施管理水平分值和排名如表 6-6 和图 6-12 所示。

在邮电通信设施管理水平分项指标上，2015 年我国 36 个重点城市的平均得分为 27.11 分。位于前六名的城市分别为：深圳、广州、天津、厦门、北京和上海。位于最后一名的为重庆。深圳市，在万人拥有移动电话用户数和万人拥有互联网用户数两个方面都位居第一，这两项加权平均后得到邮电通信设施管理水平，位居 36 个城市之首；广州市，在万人拥有移动电话用

表6-6 36个城市邮电通信设施管理水平分值和排名

城市	分值	排名	城市	分值	排名
深　圳	100	1	南　京	23.951	19
广　州	63.916	2	青　岛	22.351	20
天　津	56.253	3	沈　阳	21.209	21
厦　门	56.205	4	郑　州	20.593	22
北　京	45.641	5	昆　明	19.459	23
上　海	38.811	6	长　沙	18.999	24
宁　波	38.461	7	福　州	15.825	25
杭　州	37.472	8	兰　州	13.466	26
武　汉	36.738	9	西　宁	12.7	27
银　川	31.958	10	呼和浩特	11.593	28
西　安	31.512	11	合　肥	10.653	29
贵　阳	29.117	12	南　昌	10.387	30
太　原	28.895	13	大　连	10.078	31
海　口	27.357	14	长　春	9.8	32
成　都	27.133	15	哈尔滨	9.626	33
拉　萨	26.755	16	南　宁	8.788	34
济　南	25.358	17	石家庄	7.402	35
乌鲁木齐	24.553	18	重　庆	3.04	36

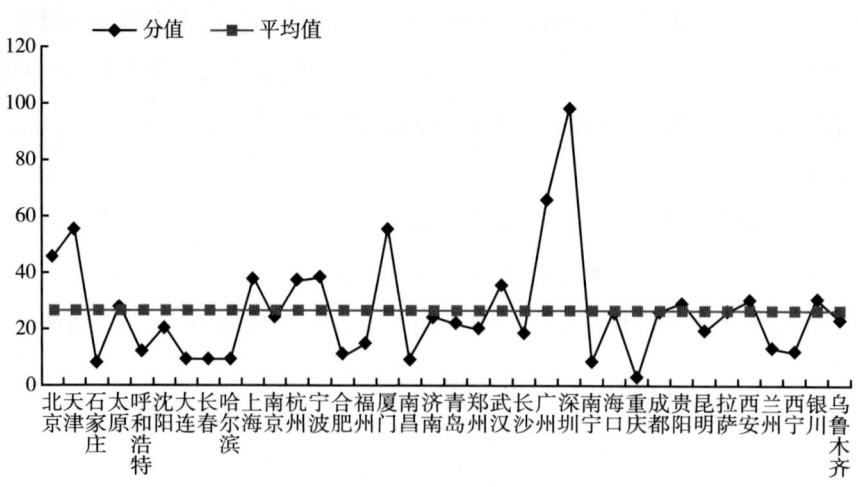

图6-12　36个城市邮电通信设施管理水平分值

户数方面位居第二,加权平均后得邮电通信设施管理水平位居第二名;天津市,在万人拥有互联网用户数方面位居第二,加权平均后得邮电通信设施管理水平位居第三名;重庆市,万人拥有移动电话用户数位居倒数第一,万人拥有互联网用户数倒数第四,加权平均后得邮电通信设施管理水平,位于36个重点城市倒数第一。

(三)城市基础设施管理水平分值和排名

城市基础设施管理水平分值和总排名如表6-7和图6-13所示。

表6-7 36个城市基础设施管理水平分值和排名

城市	分值	排名	城市	分值	排名
深圳	92.698	1	西安	21.424	19
广州	56.029	2	兰州	21.394	20
厦门	55.366	3	郑州	21.349	21
北京	50.527	4	贵阳	20.152	22
拉萨	48.758	5	长沙	19.922	23
上海	48.678	6	成都	19.617	24
乌鲁木齐	43.738	7	昆明	19.035	25
银川	41.499	8	合肥	18.868	26
南京	39.799	9	沈阳	18.841	27
天津	38.769	10	呼和浩特	18.457	28
武汉	35.016	11	大连	18.063	29
杭州	32.953	12	福州	16.44	30
西宁	32.548	13	南昌	11.749	31
宁波	32.1	14	长春	11.637	32
太原	28.069	15	石家庄	10.022	33
海口	22.08	16	南宁	9.932	34
济南	21.954	17	哈尔滨	7.923	35
青岛	21.88	18	重庆	3.534	36

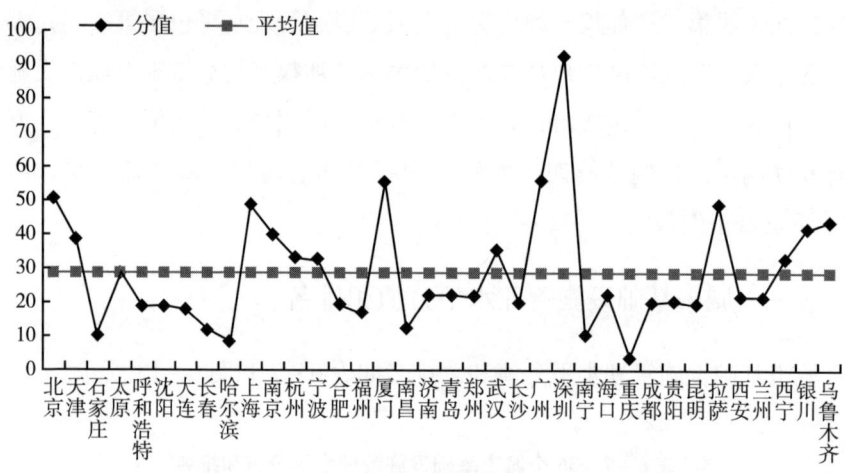

图6-13 36个城市基础设施管理水平分值

在城市基础设施管理水平指标上，2015年我国36个重点城市的平均得分为28.63分。位于前十名的城市分别为：深圳、广州、厦门、北京、拉萨、上海、乌鲁木齐、银川、南京和天津。位于后十名的城市分别为：沈阳、呼和浩特、大连、福州、南昌、长春、石家庄、南宁、哈尔滨和重庆。

依据《中国区域经济统计年鉴2011》，我国可划分为4个经济区，如表6-8所示。

表6-8 经济区域划分

区域	数量	城市
东部地区	10	北京、天津、河北、上海、江苏、浙江、福建、山东、广东和海南
中部地区	6	山西、安徽、江西、河南、湖北和湖南
西部地区	12	内蒙古、广西、重庆、四川、贵州、云南、西藏、陕西、甘肃、青海、宁夏和新疆
东北地区	3	辽宁、吉林和黑龙江

下面将按照经济区域划分分析不同区域的城市基础设施管理水平。我国36个重点城市区域管理水平差异如表6-9所示。

表6-9 我国36个重点城市基础设施管理水平分项排名前十名和后十名分布

	基础设施管理		水电气设施管理		道路交通设施管理		邮电通信设施管理	
	前十名	后十名	前十名	后十名	前十名	后十名	前十名	后十名
东部地区	7	2	7	3	5	4	8	1
中部地区		1		2	1	2	1	2
西部地区	3	3	3	3	4	3	1	4
东北地区		4		2		1		3

(1) 东部地区城市基础设施管理水平最高，深圳、广州、北京和上海等一线城市尤其突出。深圳、广州、厦门、北京、上海、南京和天津这7个东部城市位于城市基础设施管理水平前十位。这些城市的城市基础设施管理水平在各指标领域都比较突出，尤其在水电气设施管理和邮电通信设施管理方面，水平很高。

(2) 西部地区城市基础设施管理水平较高，但同区域城市之间基础设施管理水平差距也较大。在西部城市中，拉萨、乌鲁木齐、银川分别位于第5、7和8名，但同时，排名后十名的城市中西部地区也占3名，分别为呼和浩特位于第28名、南宁位于第34名和重庆位于第36名。

西部地区城市在基础设施管理的某些方面比较突出，如拉萨的道路交通设施管理，乌鲁木齐的水电气设施管理，这些城市进一步均衡发展，基础设施管理水平会大幅提升。

(3) 中部地区城市基础设施管理水平位于中等。中部地区进行评价的城市主要有6个：太原、合肥、南昌、郑州、武汉和长沙，城市基础设施管理水平分别位于第15、26、31、21、11和23名。合肥的道路交通设施管理水平较高，位于第3，但水电气设施管理和邮电通信设施管理较落后，都位于后十名之内，从而影响其排名。

(4) 东北地区城市基础设施管理水平欠缺，需进一步提高。东北地区进行评价的城市有4个：沈阳、大连、长春和哈尔滨，没有一个进入前十名，均位于排名的后十名之内，分别为第27、29、32和35名。因此，东北地区城市基础设施管理水平整体不高。

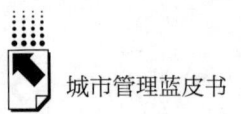

附录 中国36个重点城市基础设施管理水平评价指标原始数据

指标 城市	人均供水能力（万吨/万人）	人均供气能力（万立方米/万人）	人均供电能力（万千瓦时/万人）	人均道路面积（平方米/人）	万人拥有公共汽车量（辆/万人）	万人移动电话用户数（万户/万人）	万人互联网用户数（万户/万人）
北 京	135.7024	1053.7890	7082.3438	7.46	17.31	3.0121	0.3657
天 津	83.0265	289.6250	7796.2888	13.65	11.31	1.3691	1.1734
石家庄	48.0249	97.3261	2194.6901	13.08	10.73	1.0409	0.2264
太 原	88.0018	225.9179	6161.3380	14.52	10.07	2.0169	0.3511
呼和浩特	54.8285	212.6246	2795.1840	19.26	14.48	1.4083	0.1886
沈 阳	73.9406	75.9984	3523.4005	17.02	10.16	1.8469	0.2436
大 连	61.9044	42.4506	4306.7592	14.93	17.4	1.2231	0.2207
长 春	49.8733	66.4274	1885.5365	17.55	11.13	1.4340	0.1406
哈尔滨	38.9329	60.7747	1937.5703	8.96	12.62	1.3407	0.1695
上 海	210.9815	512.8900	9740.6737	7.96	12.02	2.2592	0.4816
南 京	191.6972	159.7520	7578.4404	21.81	12.85	1.6559	0.3703
杭 州	92.2672	107.5834	7733.3121	12.27	16.05	2.3868	0.4077
宁 波	93.8029	116.5709	5884.4093	13.44	20.36	2.1429	0.5148
合 肥	60.7033	72.9156	1959.2556	25.29	18.66	1.1452	0.2605
福 州	59.3151	27.8981	2287.8825	14.17	21.21	1.3385	0.3051
厦 门	204.7028	118.5981	10006.7913	19.57	22.22	2.7658	0.6819
南 昌	77.4991	45.9894	2539.4269	10.51	11	1.1702	0.2459
济 南	55.5415	97.2496	2988.6772	22.93	14.49	1.7419	0.3707
青 岛	59.0008	89.7866	2898.8162	21.3	18.1	1.7060	0.3179
郑 州	43.4070	131.8881	4708.9982	13.73	18.1	1.6594	0.2961
武 汉	157.6507	183.2937	4737.1519	17.25	16.09	1.9125	0.5583
长 沙	84.7374	135.1343	2207.3519	14.43	19.16	1.6505	0.2645
广 州	259.3603	204.4381	9123.5357	13.15	16.31	3.7684	0.4975
深 圳	478.0360	880.8022	22973.7232	33.35	89.34	7.3833	1.8901
南 宁	68.7516	25.3232	1577.2692	14.13	10.68	1.0253	0.2620
海 口	126.6747	68.5861	3945.6492	10.15	10.33	1.9538	0.3398
重 庆	36.0319	103.6164	2251.2533	7.58	4.11	0.8271	0.2067
成 都	70.7145	184.9208	2403.6187	11.04	16.18	1.8085	0.3859
贵 阳	71.8650	52.3239	4023.4105	11.2	13.49	2.1873	0.2960

续表

城市＼指标	人均供水能力（万吨/万人）	人均供气能力（万立方米/万人）	人均供电能力（万千瓦时/万人）	人均道路面积（平方米/人）	万人拥有公共汽车量（辆/万人）	万人移动电话用户数（万户/万人）	万人互联网用户数（万户/万人）
昆明	74.7412	54.9741	1848.8471	17.55	20.21	1.7405	0.2429
拉萨	248.7459	12.3892	4059.9660	44.57	23.26	1.8102	0.3771
西安	65.2686	236.6660	2985.2230	12.47	12.52	2.1663	0.3555
兰州	76.8406	389.8757	4086.5175	9.89	13	1.3979	0.2329
西宁	77.0045	566.0436	5304.8168	10.2	28.96	1.3769	0.2236
银川	60.3916	903.8665	5954.1929	17.42	17.9	2.4437	0.2678
乌鲁木齐	111.7003	1046.2391	6052.8613	12.37	17.98	1.7127	0.3635

B.7 后　记

时光飞逝，岁月荏苒，时隔两年，再次出版城市管理蓝皮书——《中国城市管理报告（2018）》。翻开书目，虽似曾相识，但却具有了其独特的气息。时至今日，报告在北京城市学院校长刘林教授的支持下，已经陆续有四版问世，2018年，蓝皮书首次得到北京市社科基金基地项目的资金支持，在内容上相较前几版有了新的突破，就体系而言更加科学，特色也更加鲜明。在此，感谢出版社编辑团队的辛勤工作，更感谢我院皮书工作团队的日夜辛劳，大家的齐心协力才有今日报告的付梓。

报告虽连续出版多年，但在内容上的突破与更新尚处于草创初期，它还是一棵成长中的幼苗，仍旧需要广大读者的呵护、领导的关切、基金的支持以及团队的继续合作，期待这个仍旧在成长中的报告某一天成长为一棵参天耸立的大树。

B.8 参考文献

Stem D. I. The Rise and Fall of the Environmental Kuznets Curve, World Development, 2004, 32 (8).

Merlevede B., Verbeke T., De Clereq M. The EKC for SO_2: Does firm size matter, Ecological Economics, 2006, 59 (4).

黄菁:《环境污染与城市经济增长:基于联立方程的实证分析》,《财贸研究》2010年第5期。

张红凤、周峰、杨慧等:《环境保护与经济发展双赢的规制绩效实证分析》,《经济研究》2011年第3期。

王金凤、刘臣辉、任晓明:《基于层次分析法的城市环境绩效评估研究》,《环境科学与管理》2011年第6期。

李建龙、师学义:《基于熵权灰靶生态系统服务价值模型的土地利用规划环境影响评价——以晋城市为例》,《环境科学学报》2015年第6期。

Zhang Wenyi, Fang Hua, Cai Jianan, et al. Assessment for air environmental quality of Ma. anshan city by set pair analysis method [J]. Journal of Nanjing University of Science and Technology: Natural Science, 2003, 27 (4): 426 - 430.

郭亚军:《一种新的动态综合评价方法》,《管理科学学报》2002年第4期。

Xu Weiguo, Tian Weili, Zhang Qingyu, et al. Study on modification and application of grey relation analysis model in evaluation of atmospheric environmental quality [J]. Environmental Monitoring in China, 2006, 22 (3): 63 - 66.

路春燕、卫海燕、白俊燕：《基于BP神经网络的城市化发展生态环境压力响应研究——以延安市为例》，《干旱区资源与环境》2012年第4期。

鲍超、方创琳：《基于物元模型的西北干旱区城市环境质量综合评价——以河西走廊的张掖市为例》，《干旱区地理》2005年第5期。

赵晓丽、曹祯：《我国城市生态环境评价指标体系构建的研究》，《能源与环境》2011年第3期。

郑少露等：《基于低碳循环经济的规划环评指标体系的探讨》，《环境科学与技术》2010年第6期。

高秀清：《北京郊区生态环境建设指标体系研究》，中国地质大学硕士学位论文，2012年12月。

Abstract

Considering the availability of data and evaluation criterion of relative unity and integrity, this paper chose 4 direct-controlled municipality, 27 provincial cities and 5 cities under separate state planning. These 36 key cities in China are studied as research samples, a complete index system is built and the book adopts the research method of the unity on the index system of artifacts, follows the quantitative, comprehensive and alternative, concreteness, timeliness, objectivity and other principles.

It firstly introduces the selecting principle of evaluation index system, namely the systemic principle, completeness and relevance principle, completeness and relevance principle, scalability and applicability of the principle, grasp the laws, regulations and policies, the principle of participation in government decision-making, comprehensiveness, the principle of representativeness and gradation, scientific, practical principles, the principle of combining qualitative and quantitative, highlight key principle, continuity principle, people-oriented principle, and so on. The evaluation index system of urban management level is constructed, the weight of the index system is explained in detail, and the overall ranking and evaluation of the city management level are carried out.

Building a harmonious, orderly and safe China is the core theme and eternal theme of social management innovation. The rapid development of industrialization, urbanization, informationization and internationalization in recent years, force China to face system transition, social transformation, traditional trend towards modern, more and more embrace informationization and globalization. Under the influence of the international situation and the impact of China's social management system, system, mechanism, the concept and method requires significant adjustment and adaptation, also brings reflection to every social people, whether you need social management innovation, what are the

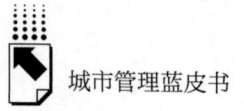

disadvantages that existing social management system is a problem we should consider. Report established composite frame structure of social management, and according to the weight on the score sorting, analyzes, from the total index of each points index of 36 cities are compared, and four direct-controlled municipality are compared and analyzed.

On the basis of urban economic management connotation and the principles of measure, authority and transparent, urban economic management evaluation in this paper established four sub-index evaluation indexes including the decision-making level of planning, economic adjustment, market regulation and government financial resources levels. Evaluation results show that the eastern region of the first-tier cities of urban economic management level the highest, the central region of the city's economic management level is a bit weak, but some of the scoring more than part of the eastern city of sub-index, lower management level of the whole urban economy in western China, northeast China city economic management level of landslide.

Urban culture, as a highly generalized and abstract reflection of urban life, lies in all aspects of social life. Starting from the characteristics of urban culture management, a more objective and comprehensive index system including index, data and weighting is created. In this paper, the major cities of the urban cultural characteristics and regional urban culture management level differences, cultural indicators itemized ranking and characteristics are analyzed, and finally improves the management level of the urban culture of relevant constructive suggestions.

Since the ministry of environmental protection fully implemented the action plan on air pollution prevention and control, the Beijing-Tianjin-Hebei region, the Yangtze River delta and the pearl river delta region have improved the cooperation mechanism of regional joint prevention and control. As of now, China has completed the largest monitoring network of environmental air quality in developing countries, and all 338 prefecture-level cities have the capability of monitoring $PM_{2.5}$ and other six indicators. In innovation, coordination, the development of green, open, sharing ideas, the CPC central committee and the state council on the ecological civilization construction and environmental protection to make a series of major policy decisions, all regions and departments resolutely carrying out, in order to improve environmental quality as the core, strive to resolve outstanding environmental problems, has made positive progress. Report take the "environment" as the gripper, combing the current urban air environment, water environment, sound environment and city environment, the present situation of the green environment, reasonable and lead to urban environmental management level evaluation of the content, namely urban solid, liquid and gas wastes management, ecological greening management, noise management, on this basis, build the index system of urban environmental management, and the index system of the evaluation results were analyzed.

Infrastructure is the important material base, urban infrastructure, the more perfect, the more good, city function is more complete, the higher the city grade, also can promote the benign development of the economic and social. Report first to the urban infrastructure of concept analysis and classification, and from the concept of the particularity of urban infrastructure in done, and then build urban infrastructure management level of index system, discusses the urban infrastructure management level data source analysis and evaluation, on the basis of the existing data, the urban infrastructure management situation described and analyzed.

Keywords: Key City; Management Level; Comprehensive Evaluation

Contents

Ⅰ   General Report

B.1 Comprehensive Management Evaluation of Key Cities in China
    / 001

    1. City management evaluation index system construction   / 002
    2. City management index weight calculation   / 007
    3. Evaluation result of city management level   / 009
    Appendix Weight calculation procedure   / 016

Ⅱ   Sub-reports

B.2 Evaluation of Social Management Level of China's Key Cities
    Hu Yonghui, Liu Lingling and Li Mengjuan / 035

    Abstract: This report uses analytic hierarchy process and index weighting method to evaluate and rank the level of urban social managementof 36 key cities in China, and analyses the results of evaluation. The index system includes three sectors, such as investment and development level, service and people's livelihood level, level of equity and security. It involves many factors, such as public input, social service, people's livelihood, social equity, social security and so on. The results reflect the phenomenon of "the contradiction between the growing demand for better life and the imbalance and inadequate development". The level of urban social management is not matched with the level of economic development. In some economically developed cities, the development level of social management is insufficient. Urban social management and economic management did not achieve synchronous development.

Keywords: Key Cities; Level of social Management; Comprehensive Evaluation

B. 3 Assessing the Economic Management of China's Key Cities

Hu Yafen / 061

Abstract: Based on the definition of city level economic management connotation, the paper established Chinese city economic management evaluation index system which covering 4 index level: the establishment of decision-making level—economic level of regulation, market supervision level and government financial level. Considering the relative integrity and integrity of data availability and evaluation criteria, this paper selects 36 key cities including 4 municipalities, 27 provincial capitals and 5 planned cities in 2015 to evaluate the level of urban economic management. The evaluation result shows that the first tier cities in the eastern region have the highest level of urban economic management; the level of urban economic management of the middle region cities is weaker, but the scores of some sub items are more than those of the eastern cities; the level of economic management area in the west of the city is relatively low overall level of the city; the level of urban economic management in Northeast China has declined obviously.

Keywords: Key Cities; Level of economic Management; Evaluate

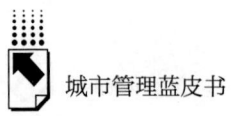

B.4 Evaluation of Cultural Management Level of China's Key Cities *Ji Wenyan* / 093

Abstract: Urban culture is an abstract reflection of urban life, and reflected in all aspects of social life. To some extent, the level of urban culture management is the high generalization of the comprehensive management level of the city. This paper selects 36 key cities including 4 municipalities, 27 provincial capitals and 5 planned cities in 2015 to evaluate the level of urban cultural management. This paper starts with the concept of urban culture management, then analyzing the characteristics of urban culture management, on this basis, a relatively objective and complete index system is constructed, analysis index composition, data source, weight setting. analyzing the regional difference and sub-item difference of urban cultural management level. Finally, some suggestions on improving the city's cultural management level are given.

Keywords: Urban Culture; Management; Evaluation

B.5 Evaluation of Environmental Management Level of China's Key Cities *Wang Qiang* / 111

Abstract: This report combs the index system and method of the existing environmental assessment, studies the main contents of the urban environmental assessment, and constructs the evaluation index system from five aspects of urban solid waste management, urban gas waste management, urban liquid waste management, urban ecological greening management and urban noise environment management. By using the method of analytic hierarchy process and index weighting, the evaluation and ranking of urban environmental management level in 36 key cities all over the country are carried out, and the results of environmental evaluation are analyzed.

Keywords: Urban Environment; Analytic Hierarchy Process; Environmental comprehensive Evaluation

B. 6　Evaluation of Infrastructure Management Level
　　　of China's Key Cities　　　*Zhou Xiuling*, *Shang Jingang* / 139

Abstract: As a tool and carrier of urban comprehensive service function, urban infrastructure plays a very important role in the formation and development of the city, and is also one of the important factors to measure the level of a city's modernization. The paper analyzes and classifies the urban infrastructure, and constructs the index system of the management level of urban infrastructure from three aspects of water and electrical supply facilities, road traffic facilities and post and telecommunications facilities, and makes a comprehensive evaluation and in-depth analysis on the level of urban infrastructure management according to the existing data. It can provide some references for urban follow-up infrastructure management.

Keywords: Urban Infrastructure; Analytic Hierarchy Process; Infrastructure Evaluation

B. 7　Postscript　　　　　　　　　　　　　　　　　　　　　　/ 160

B. 8　Reference Documentation　　　　　　　　　　　　　　　/ 161

权威报告·一手数据·特色资源

皮书数据库
ANNUAL REPORT(YEARBOOK) DATABASE

当代中国经济与社会发展高端智库平台

所获荣誉

- 2016年，入选"'十三五'国家重点电子出版物出版规划骨干工程"
- 2015年，荣获"搜索中国正能量 点赞2015"、"创新中国科技创新奖"
- 2013年，荣获"中国出版政府奖·网络出版物奖"提名奖
- 连续多年荣获中国数字出版博览会"数字出版·优秀品牌"奖

成为会员

通过网址www.pishu.com.cn访问皮书数据库网站或下载皮书数据库APP，进行手机号码验证或邮箱验证即可成为皮书数据库会员。

会员福利

- 使用手机号码首次注册的会员，账号自动充值100元体验金，可直接购买和查看数据库内容（仅限PC端）。
- 已注册用户购书后可免费获赠100元皮书数据库充值卡。刮开充值卡涂层获取充值密码，登录并进入"会员中心"—"在线充值"—"充值卡充值"，充值成功后即可购买和查看数据库内容（仅限PC端）。
- 会员福利最终解释权归社会科学文献出版社所有。

数据库服务热线：400-008-6695
数据库服务QQ：2475522410
数据库服务邮箱：database@ssap.cn
图书销售热线：010-59367070/7028
图书服务QQ：1265056568
图书服务邮箱：duzhe@ssap.cn

社会科学文献出版社 皮书系列
卡号：826785518175
密码：

基本子库
SUB DATABASE

中国社会发展数据库（下设12个子库）

全面整合国内外中国社会发展研究成果，汇聚独家统计数据、深度分析报告，涉及社会、人口、政治、教育、法律等12个领域，为了解中国社会发展动态、跟踪社会核心热点、分析社会发展趋势提供一站式资源搜索和数据分析与挖掘服务。

中国经济发展数据库（下设12个子库）

基于"皮书系列"中涉及中国经济发展的研究资料构建，内容涵盖宏观经济、农业经济、工业经济、产业经济等12个重点经济领域，为实时掌控经济运行态势、把握经济发展规律、洞察经济形势、进行经济决策提供参考和依据。

中国行业发展数据库（下设17个子库）

以中国国民经济行业分类为依据，覆盖金融业、旅游、医疗卫生、交通运输、能源矿产等100多个行业，跟踪分析国民经济相关行业市场运行状况和政策导向，汇集行业发展前沿资讯，为投资、从业及各种经济决策提供理论基础和实践指导。

中国区域发展数据库（下设6个子库）

对中国特定区域内的经济、社会、文化等领域现状与发展情况进行深度分析和预测，研究层级至县及县以下行政区，涉及地区、区域经济体、城市、农村等不同维度。为地方经济社会宏观态势研究、发展经验研究、案例分析提供数据服务。

中国文化传媒数据库（下设18个子库）

汇聚文化传媒领域专家观点、热点资讯，梳理国内外中国文化发展相关学术研究成果、一手统计数据，涵盖文化产业、新闻传播、电影娱乐、文学艺术、群众文化等18个重点研究领域。为文化传媒研究提供相关数据、研究报告和综合分析服务。

世界经济与国际关系数据库（下设6个子库）

立足"皮书系列"世界经济、国际关系相关学术资源，整合世界经济、国际政治、世界文化与科技、全球性问题、国际组织与国际法、区域研究6大领域研究成果，为世界经济与国际关系研究提供全方位数据分析，为决策和形势研判提供参考。

法律声明

"皮书系列"(含蓝皮书、绿皮书、黄皮书)之品牌由社会科学文献出版社最早使用并持续至今,现已被中国图书市场所熟知。"皮书系列"的相关商标已在中华人民共和国国家工商行政管理总局商标局注册,如LOGO( )、皮书、Pishu、经济蓝皮书、社会蓝皮书等。"皮书系列"图书的注册商标专用权及封面设计、版式设计的著作权均为社会科学文献出版社所有。未经社会科学文献出版社书面授权许可,任何使用与"皮书系列"图书注册商标、封面设计、版式设计相同或者近似的文字、图形或其组合的行为均系侵权行为。

经作者授权,本书的专有出版权及信息网络传播权等为社会科学文献出版社享有。未经社会科学文献出版社书面授权许可,任何就本书内容的复制、发行或以数字形式进行网络传播的行为均系侵权行为。

社会科学文献出版社将通过法律途径追究上述侵权行为的法律责任,维护自身合法权益。

欢迎社会各界人士对侵犯社会科学文献出版社上述权利的侵权行为进行举报。电话:010-59367121,电子邮箱:fawubu@ssap.cn。

社会科学文献出版社